Ajedrez elemental

Grupo ROBIN BOOK

Barcelona - México
Buenos Aires

Ajedrez elemental

Ajedrez para principiantes
por los grandes maestros:
Panov, Capablanca, Persits...

Edición Igor Molina Montes

Colección
Escaques

Un sello de Ediciones Robinbook
información bibliográfica
Indústria, 11 (Pol. Ind. Buvisa)
08329 — Teià (Barcelona)
e-mail: info@robinbook.com
www.robinbook.com

© 2011, Ediciones Robinbook, s. l., Barcelona

Diseño de cubierta: Regina Richling

Fotografías de cubierta: iStockphoto

Diseño interior y edición: Igor Molina Montes

ISBN: 978-84-9917-141-8

Depósito legal: B-33.267-2011

Limpergraf, Mogoda, 29-31 (Can Salvatella),
08210 Barberà del Vallès

Impreso en España - *Printed in Spain*

Índice

Prólogo

En la antigüedad un buen jugador de ajedrez era considerado una persona culta, dado el misterio infinito que entraña la partida. Pocas disciplinas acaparan tanto interés intelectual como el ajedrez, el juego se basa en inumerables posibilidades de movimiento y combinaciones tácticas, que devienen cultura. Así, aportando cultura, la antigua colección Escaques reunió importantes títulos de grandes maestros soviéticos, creando con éxito en sus lectores una poderosa biblioteca ajedrecística, otorgando al aficionado un robusto sistema pedágogico de análisis de ajedrez. Es de incalculable valor establecer un sistema en el que el aficionado pueda tranformar sus intuiciones en razonamiento lógico, en análisis de los movimientos a realizar, en evaluación del poder de una pieza en una casilla determinada. Un sistema, que definitivamente lo alejan de mecanismos que no comprenden la lógica del juego.

¿Recordáis las apariciones del niño prodigio, Arturo Pomar, mostrando su genial talento en el noticiario propagandístico Nodo? El gran maestro soviético, Alexander Kotov creía con firmeza que si Arturo Pomar hubiese nacido soviético, sin dudas ganaría el título mundial. En 1944, Arturo Pomar, con 13 años consiguió hacer tablas frente al campeón del mundo, Alekhine. Cierto es que cualquier niño con talento puede aumentar hasta la maestría sus dotes si se somete a un completo sistema de enseñanza ajedrecística. El comentario de Kotov se refiere al estado en bruto de un niño prodigio español, y los resultados que puede obtener una escuela de ajedrez como la soviética sobre tal diamante.

Gracias a la antigua colección Escaques, esta carencia de literatura quedó suplida con importantes traducciones de los grandes maestros soviéticos como V. Panov, B. Persits. A. Suetin. Sin dudas cualquier niño de la época hubiera elevado su nivel, teniendo dichos autores en los estantes de su biblioteca.

Con la intención de acercar esta poderosa literatura ajedrecísticas a los niños y aficionados actuales, que juegan en internet y utlizan dispositivos electrónicos, hemos acometido no sin gran dificultadad, la recopilación de esta serie de lecciones magistrales, que entre ellas forman un poderoso manual de ajedrez de nivel elemental. Cuenta, como valor adicional, con una valiosa actualización del sistema de notación. Podemos decir, que por primera vez estos textos son publicados en lengua castellana, utilizando la corriente notación algebraica, de uso extendido en los juegos electrónicos y en la literatura actual.

La antigua colección Escaques consiguió el objetivo de cualquier pedagogo, guíar al lector con los ejemplos más notables, acertando siempre a hacer la exacta división entre lo esencial y lo accesorio. Especial goce siente el aficionado, aprendiendo los entresijos de la partida através del análisis de composiciones magistrales. Quienes disfruten del ajedrez aprendiendo, encontrarán en los nuevos títulos de la colección Escaques, los mismos motivos que hace unos años hicieron vibrar a sus lectores más adeptos.

Los análisis de los grandes teóricos como V. Panov, A. Suetin, J. R. Capablanca hacen de esta recopilación de lecciones un manual muy útil y altamente preciado, con la intención de incrementar el aporte de la colección Escaques a la cultura ajedrecística de sus lectores.

Igor Molina Montes

1. Ajedrez, una batalla entre dos bandos

1.1 ¿Qué es el ajedrez?
Breve historia

El origen del ajedrez se remonta a la antigua India a un juego llamado *Chaturanga*. Cuenta la tradición hindú que fue regalo de un sacerdote de alta casta, *Brahamn*; a un soberano que sometía a su pueblo mediante vejaciones. Las piezas sobre el tablero del primigenio ajedrez, representaban el esquema social y de poder de la antigua India.

Diag. 1. Representa la posición inicial del *Chaturanga*, abuelo del ajedrez actual.

El rey, pieza fundamental, necesita la protección de sus súbditos; la caballería, los alfiles, la infantería han de movilizarse para la protección del soberano y para el acoso al rey rival. Adiestrándose en el juego, el soberano hindú adquiriría dotes de mando, manteniendo en equilibrio a su corte y ejército. Al soberano le gusto tanto el juego que le ofreció lo que desease al *Brahman*. Podía elegir entre los tesoros del reino, el *Brahman*, sabio le expresó su deseo: quería un grano de trigo en la primera casilla del tablero de ajedrez, dos granos de trigo en la segunda casilla, cuatro granos en la tercera, ocho en la cuarta y así sucesivamente. El soberano con artificio, dedujo que, habiendo solamente 64 casillas o escaques en el tablero, la suma total de granos cabría en un simple saco de trigo. Pero no, si en la casilla n.1 ponemos un 1 grano, en la casilla n.2 ponemos 2 granos, en la casilla n.3 ponemos 4 granos, en la casilla n.4 ponemos 8 granos, en la casilla n.5 ponemos 16 granos, siguiendo esta norma de doblar la casilla anterior, en la casilla n.64 tendremos la escalofriante cifra de 18 446 744 073 709 551 615 granos.

Como podéis ver el campo de batalla del ajedrez es muy fértil, la cantidad de granos representado en los escaques no se podrían conseguir ni sembrando 74 veces todo los continentes de la Tierra. El soberano a través del *Brahman* y de su juego el *Chaturanga*, recibió otra lección de humildad.

Con el paso de los siglos el ajedrez se extendió desde la India por la antigua Persia, recorriendo el mundo árabe, hasta llegar a occidente. Los árabes cuando conquistaron la península ibérica introdujeron el juego. Alfonso X, El sabio, realizó la traducción del primer manuscrito árabe de ajedrez en el año 1283, «*Libro del Acedrex, dados y tablas*», el último original de esa edición se encuentra en la biblioteca del Monasterio de El Escorial, tiene 150 ilustraciones en color y la cubierta es de piel de oveja. En él se detallan los principios elementales del juego ciencia, que requiere de capacidad de concentración y de análisis, excelente gimnasia para el cerebro.

Esta antigua ilustración aparece en el tratado de ajedrez, traducido por Alfonso X, El sabio.

En tiempos de Alfonso X, el ajedrez era un juego practicado por la nobleza, y prohibido al vulgo. En algunos países de Europa en el medioevo estaba penada la práctica del ajedrez, por estar asociado por la Iglesia con el juego y la apuesta y demás vicios que conciernen a la moral y la ética. Se conoce de algunos jugadores fanáticos que apostaron y perdieron toda su riqueza en partidas de ajedrez.

El zar Ivan el Terrible, en 1551, prohibió en Rusia el juego de ajedrez, siguiendo la tradición de la Iglesia Católica europea de censurar la práctica del juego ciencia. En los días actuales, el único líder que priva a sus súbditos de la práctica del ajedrez, es Ayatola Jomeini, que en su retorno a Irán argumentó a favor de la prohibición, que el juego ciencia daña la memoria y fomenta el ánimo mercenario y beligerante.

1.2 Descripción del campo de batalla

En el ajedrez se enfrentan dos ejércitos. La batalla ocurre en un tablero de 64 casillas de colores alternos blanco y negro, de 8 filas y 8 columnas. Las piezas son los componentes del ejército que se ha de movilizar para dar caza al rey contrario bajo unas reglas de movimientos y capturas. Aunque se ha de decir que si ninguno de los dos bandos consigue dar caza al rey rival la partida se considera empate o tablas.

Cada ejército tiene 16 combatientes, aunque siendo precisos cuenta con 15 hombres y una mujer, la dama. No estaría mal intuir la importancia de la pieza femenina en el ajedrez, la dama es la pieza de mayor importancia después del rey. Convendría que el ejército comenzase a pensar desde los primeros movimientos en la posibilidad de dar salida, proteger y ocupar casillas importantes, para la progresión de piezas como la dama y su corte de alfiles, caballos y torres, sin olvidar la protección de nuestro rey.

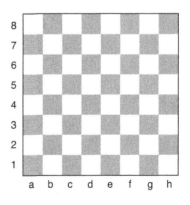

Diag. 2. El tablero de ajedrez compuesto de 8 columnas y 8 filas.

La configuración de la posición inicial se muestra en el diagrama 2. El bando blanco siempre inicia las acciones, luego le tocará responder a las piezas negras. Antes de la partida se realiza un sorteo, dos peones: uno negro y otro blanco son sorteados, el que recibe el peón blanco jugará con piezas blancas iniciando la partida. En las partidas siguientes se alterna la posesión de blancas y negras.

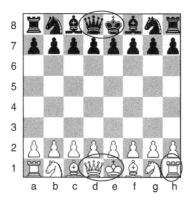

Diag. 3. Representa la posición inicial del ajedrez. Dama en escaque de su propio color, Rey en escaque contrario a su color. Escaque de color blanco en extremo inferior derecho del tablero.

En la posición del tablero es importante recordar dos cosas, la dama ha de ir en la casilla de su propio color, que es lo mismo que el rey

ha de ir en la casilla contraria a su color y la segunda cosa importante es que el jugador que juega con blancas ha de tener la casilla de color blanco en el extremo inferior derecho. Ver diagrama 3.

1.3 Notación algebraica, coordenadas de la batalla

En ajedrez los movimientos de las partidas suelen anotarse en una hoja en partidas oficiales, en la actualidad se utiliza el sistema algebraico por su sencillez.

El tablero de ajedrez es representado por dos ejes de coordenas alfanumérico, las columnas con letras y las filas con números. (Ver diagrama 4.)

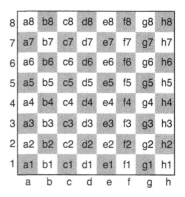

Diag. 4. El sistema algebraico, un práctico sistema de notación.

Resulta de mayor exactitud que el sistema descriptivo, por ejemplo P4R, peón de rey a la 4 casilla, en sistema algebraico simplemente es e2-e4, el resto de piezas se describen con su icono junto a la casilla que ocupa y luego la casilla que ocupará, ♖d8-d4, significa que la torre se mueve de la casilla d8 a la casilla d4. Las capturas en el sistema algebraico se indica con x, por ejemplo si el caballo que ocupa la casilla f3 captura a la dama rival que ocupa la casilla o escaque g5, se indica sin especificar la pieza capturada, ejemplo en notación algebraica ♘f3xg5. Recordemos que en el caso de los peones no se utiliza el icono de la pieza, simplemente se indica, la casilla de procedencia y la casilla de destino, ejemplo: e7-e5 (P4R negras).

En la actualidad, el sistema algebraico precinde de la casilla de origen, sólo se especifica la casilla de destino, ♖d4, en caso de que dos torres puedan ocupar la misma casilla, entonces sí se específica la casilla de origen de dicha torre.

El sistema algebraico se basa en el sistema pitagórico, dos ejes de coordenadas. Las piezas son descritas por su inicial o por el icono de la pieza, en el caso de los peones no se utiliza icono, se considera sobreentendido. Cuando sucede una captura se escribe el icono de la pieza seguido de una "x" que significa captura, seguido de la casilla donde captura.

En la actualidad no se especifica la casilla de origen, sólo se especifica en los casos en que es necesaria una desambiguación, cuando dos piezas pueden llegar a la misma casilla, entonces, si es necesario especificar la casilla de origen de la pieza.

Por ejemplo, e2-e4, en notación algebraica de uso moderno, que utilizan los libros actuales y los juegos electrónicos de ajedrez, se utiliza simplemente e4. El peón "e" es la única pieza que puede llegar a la casilla e4, por eso no aporta ninguna dato especificar la casilla de origen, en este caso, e2. ♘g1-f3, el caballo que ocupa la casilla g1, es el único caballo que puede ir hasta la casilla f3, por eso en la actualidad se escribe únicamente ♘f3. Si el otro caballo estuviese en situación de llegar también a la casilla f3, si ocupase la casilla d4, entonces sí que es necesario especificar la casilla de origen del caballo que irá a f3, ♘g1-f3 ó si fuese el otro caballo el que iría a la casilla f3, se escribiría ♘d4-f3.

A continuación podrás practicar la notación algebraica reproduciendo las siguientes partidas. La apertura de esta partida, pertenece a la Apertura italiana, en específico al Giuco piano, variante gambito Jerome.

Blancas	Negras
1.e2-e4,	e7-e5
2.♘g1-f3,	♘b8-c6
3.♗f1-c4,	♗f8-c5
4.♘f3xe5+,	♘b6xe5
5.♘f3xe5+,	♘b6xe5
6.♕d1-h5+,	g7-g6
7.♕h5xe5,	d7-d6
8.♕e5xh8,	♕d8-h4
9.0-0,	♘g8-f6
10.c2-c3,	♘f6-g4
11.h2-h3,	♗c5xf2+
12.♔g1-h1,	♗c8-f5
13.♕h8xa8,	♕h4xh3+
14.g2xh3,	♗f5xe4 mate

A continuación podrás ver la misma partida con notación algebraica actual, obsérvese cómo no se especifica la casilla de origen a diferencia de la primera notación algebraica. El estudiante podrá encontrar en la literatura moderna partidas cifradas en notación algebraica del modo primero y del siguiente modo:

1.e4, e5;
2.♘f3, ♘c6;
3.♗c4, ♗c5;
4.♗xf7+, ♔xf7;
5.♘xe5+, ♘xe5;
6.♕h5+, g6;
7.♕xe5, d6;
8.♕xh8, ♕h4;
9.O-O, ♘f6;
10.c3, ♘g4;
11.h3, ♗xf2+;
12.♔h1, ♗f5;
13.♕xa8, ♕xh3+;
14.gxh3, ♗xe4#

Al reproducir la partida se obtendrá en el tablero la siguiente posición final donde el bando negro consigue propinar jaque mate al bando blanco en 14 movimientos.

Blancas **Negras**
1. e2-e4, e7-e5
2. ♘g1-f3, d7-d6
3. d2-d4, ♗c8-g4
4. d4xe5, ♗g4xf3
5. ♕d1xf3, d6xe5
6. ♗f1-c4, ♘g8-f6
7. ♕f3-b3, ♕d8-e7
8. ♘b1-c3, c7-c6
9. ♗c1-g5, b7-b5
10. ♘c3xb5, c6xb5
11. ♗c4xb5+, ♘b8-d7
12. 0 0 0, ♖a8-d8
13. ♖d1xd7, ♖d8xd7
14. ♖h1-d1, ♕e7-e6
15. ♗b5xd7+, ♘f6xd7
16. ♕b3-b8+, ♘d7xb8
17. ♖d1-d8 mate

A continuación otro ejemplo de la misma partida, en notación algebraica más actual.

1.e4 e5
2.♘f3 d6
3.d4 ♗g4
4.dxe5 ♗xf3
5.♕xf3 dxe5
6.♗c4 ♘f6
7.♕b3 ♕e7
8.♘c3 c6
9.♗g5 b5
10.♘xb5 cxb5
11.♗xb5+ ♘bd7
12.O-O-O ♖d8
13.♖xd7 ♖xd7
14.♖d1 ♕e6
15.♗xd7+ ♘xd7
16.♕b8+ ♘xb8
17.♖d8#

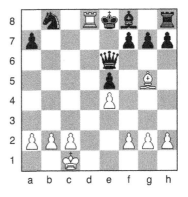

Al reproducir la partida obtendrás en el tablero la siguiente posición final,

donde el bando blanco consigue la victoria en 17 movimientos.

Veámos a continuación en
quienes confía nuestro rey,
conozcamos su ejército.

Signos utilizados:
x captura
+ jaque
++, #, mate
? jugada mala
?? jugada muy mala
! jugada brillante
!! jugada muy brillante
= coronación de peón a
0-0 enroque corto
0-0-0 enroque largo

2. Las piezas, sus movimientos y capturas

Rey

El rey es la pieza principal de nuestro ejército. Por su fragilidad y poco recorrido de movimiento no es conveniente sacarlo a pelear precipitadamente; recordemos que la victoria en el juego de ajedrez consiste en dar muerte al rey rival. Pero, en los finales de la partida, un rey bien posicionado puede aportar mucho en la victoria de su bando.

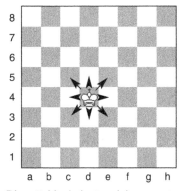

Diag. 5. Movimientos del rey, en todas las direcciones avanzando una sóla casilla, siempre que no esté amenazada por piezas rivales.

Movimientos de rey

El rey se mueve en todas las direcciones pero avanza sólo una casilla. Si una pieza enemiga está en su radio de captura y no está protegida por otra, entonces el rey puede capturarla. El rey sólo puede ocupar una casilla que no esté atacada por ninguna pieza rival, sería una posición de jaque. Cuando el rey en su posición es atacado por otra pieza rival se considera jaque, y debemos impedir la acción de la pieza rival sobre nuestro rey; ya sea abandonando la posición de nuestro monarca y llevándolo a buen refugio, o interponiendo otra pieza entre la acción de la pieza rival y nuestro rey, o dando caza a la pieza que ataca a nuestro rey. En resumen, el rey no puede estar en jaque, el jaque debe ser anunciado por el jugador rival, y si no es posible evitar el asedio rival sobre nuestro rey, se considera jaque mate, y llega entonces el final y pérdida de la partida.

Capturas de rey

El rey realiza sus capturas en el mismo sentido de sus movimientos, atacando las casillas adyacentes a su posición; con la particularidad, comparado con el resto de piezas, de no poder ocupar una casilla defendida por el bando rival, porqué éste le proporcionaría jaque mate.

estaría el rey en situación de jaque.

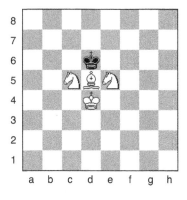

Diag. 7. El rey negro no puede capturar ninguna pieza del bando blanco, al estar todas las piezas protegidas por el rey blanco.

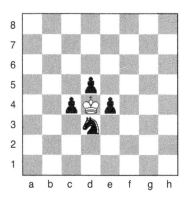

Diag. 6. El rey blanco unicamente puede capturar al peón d5, al estar el resto de piezas protegidas.

Tanto en las capturas como en sus movimientos, el rey es la única pieza que no puede ocupar una casilla que esté protegida por la acción de una pieza rival,

Además, el rey posee un curioso movimiento que comparte con la torre: el enroque.

El enroque

En el enroque, la torre y el rey son movidas en un mismo turno de juego, es la única vez que el rey puede avanzar dos casillas y la torre salta sobre otra pieza. El rey se aproxima dos casillas a la torre y la torre salta sobre el rey y se coloca en su lado contrario.

Se ha de tener en cuenta que el enroque sólo se puede realizar, si no se ha movido ni una sóla vez el rey ni la torre. Si no hay ninguna pieza entre el rey y la torre, ya sea del propio bando o del bando contrario. Tampoco el rey puede encontrarse en situación de jaque, ni la casilla de destino puede estar siendo atacada por piezas del bando rival, ni los escaques por donde tiene que pasar el rey tampoco pueden estar amenazados por piezas rivales.

En el juego de ajedrez existen dos tipos de enroque, el enroque corto y el enroque largo.

Enroque corto (0-0)

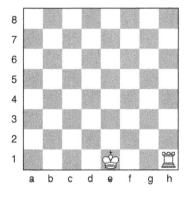

Diag. 8. Posición inicial del enroque corto (0-0).

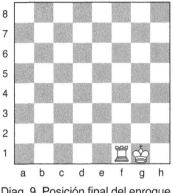

Diag. 9. Posición final del enroque corto (0-0).

En el enroque corto se busca el resguardo del rey en el flanco de rey. El rey ocupa la casilla g1 y la torre h1 ocupará la casilla f1 después de haberse realizado el enroque corto. El enroque corto en notación algebraica se escribe (0-0).

Enroque largo (0-0-0)

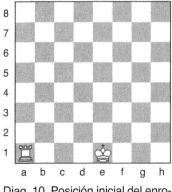

Diag. 10. Posición inicial del enroque largo (0-0-0).

21

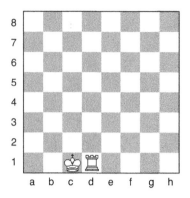

Diag. 10. Posición final del enroque largo (0-0-0).

El enroque largo busca la protección del rey en el flanco de dama. El rey ocupa la casilla c1 y la torre la casilla d1 después de haberse realizado el enroque largo. En notación algebraica el enroque largo se escribe (0-0-0).

El enroque trae como beneficio la protección del rey en un flanco tras una cadena de peones estable, y la posible vinculación de las dos torres; aunque para que pueda realizarse el enroque, deben cumplirse una serie de condiciones.

El teórico de ajedrez V. Panov describe con claridad en que consiste la idea del enroque: "El enroque aleja al rey del centro, donde suelen desarrollarse luchas enconadas. Puede decirse, si cabe la expresión, que el rey se esconde y la torre entra en juego. Todo rey atascado en el centro impide la evolución de sus piezas y puede ser el objeto de ataque de las contrarias".

Para que pueda realizarse el enroque se han de cumplir algunas condiciones, no se podrá realizar este lance en caso de:

1) No se puede si el rey o una torre ya han sido movidos, aunque vuelvan a ocupar su posición inicial; si se ha movido al rey, no puede hacerse ninguno de los dos enroques, y si se ha movido una torre y el rey no, se podrá enrocar en el lado en que la torre no haya variado su posición inicial.

2) No se puede si media una pieza propia o adversaria entre el rey y la torre.

3) No se puede si el rey es atacado por una pieza adversaria.

4) No se puede si el rey se encontrase amenazado por una pieza después del enroque.

5) No se puede enrocar si el rey pasa al enrocar por una

casilla dominada por una pieza adversaria; si podrá hacerlo cuando sea la torre la que pasa por tal casilla.

Analicemos la siguiente composición de V. Panov, donde se ejemplifican diversos casos de enroque. Cabe destacar, que V. Panov ha sido uno de los más prólifico pedagogos de la reputada escuela soviética de ajedrez moderno, que ha creado a diversos campeones del mundo. Sus conceptos y metodología, devienen base sólida para la formación elemental de todo aspirante a conocer las bases lógicas del juego de ajedrez. Esta composición de V. Panov, explica los casos en los que no es posible realizar el enroque.

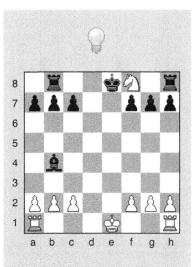

Diag. 11. Ninguno de los dos bandos cumplen las condiciones para realizar el enroque.

La posición del diagrama 11, manifiesta las tres primeras circunstancias en las que no se puede enrocar. En el campo de las negras la torre de la dama se ha movido de su posición inicial y el caballo blanco esta entre el rey y la torre. Y en el campo de las blancas el alfil negro da jaque al rey; por tanto, han de cubrir esta diagonal con el peón; si no, tienen que mover el rey.

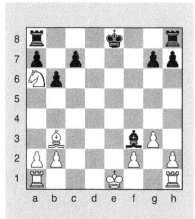

Diag. 12. El bando blanco sólo puede realizar el enroque corto, y el bando negro sólo puede utilizar el enroque largo.

En esta posición se hacen patentes las circunstancias cuarta y quinta. El rey blanco puede enrocar corto y no largo, porque su casilla d1 está dominada por el alfil negro. En cambio, las negras no pueden enrocar corto, pues su casilla g8 está batida por el alfil blanco; pero pueden efectuar el largo, dado que el caballo blanco únicamente ejerce dominio sobre la casilla por la que ha de pasar la torre.

Sin lugar a dudas, el rey es la pieza más importante en la partida de ajedrez. El objeto de la misma es dar captura al monarca rival, al tiempo que se protege al propio rey, de los ataques del contrario. El rey se mueve y captura en todas las direciones, posee los movimientos de la dama, pero sólo puede avanzar una casilla por turno de juego, tiene muy limitada la movilidad con respecto a la dama, pero en los finales el rey juega un importante papel. El rey está obligado a evitar los ataques del bando rival, no puede permanecer en jaque, para deshacer esta amenaza ha de protegerse interponiendo alguna pieza, o moviéndose a una casilla despejada de amenazas rivales, en caso de no conseguirlo se considera jaque mate y finaliza la partida.

Es importante proteger al rey poniéndolo en un flanco seguro tras el enroque, procurando protegerlo detrás de una cadena estable de peones.

Dama

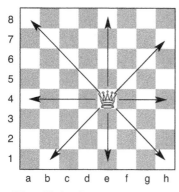

Diag. 13. La dama se mueve en horizontal, vertical, y diagonal sin limite de casillas en su recorrido.

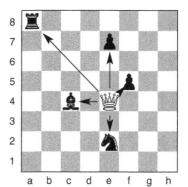

Diag. 13. La dama captura en el mismo sentido que avanza, las piezas señaladas con las flechas están en posiciones de captura para la dama blanca.

La dama se mueve como su esposo en todas las direcciones, pero a diferencia del rey, puede hacerlo todo lo largo que quiera, llegando a los límites del tablero como el alfil y la torre. La dama es la pieza más importante por su movilidad, después de la probada importancia del rey, porque sin rey finaliza la partida.

La dama, comúnmente es más potente que la combinación de torre y alfil, pero un tanto menos eficaz que dos torres. Al ser la pieza más fuerte del tablero no conviene cambiarla por cualquier otra pieza que no sea la dama del bando rival, al no ser que el cambio por otra pieza de menor cuantía nos conduzca definitivamente hacia el jaque mate y victoria.

No es conveniente sacar prematuramente a la batalla a la dama sin antes haber desarrollado algunas piezas que le puedan servir de apoyo y soporte. Resulta relativamente fácil repeler el ataque de una dama que prematuramente se obstina en combatir y que por norma general el bando contrario la fuerza a retirarse, con la consecuente pérdida de tiempo e iniciativa.

La dama rinde con plenitud cuando encuentra el tablero abierto, con piezas del bando oponente sin defensa y el rey pobremente defendido. Gracias a su gran capacidad de desplazamiento en varias direcciones, la dama puede efectuar poderosos ataques dobles.

Recordemos que en la posición inicial del juego de ajedrez la dama ocupa la casilla de su propio color al lado del rey.

Dependiendo de la posición en el tablero, la dama puede valer más o menos que dos torres, o puede llegar a valer tres piezas menores. Estas aproximaciones corresponden a un valor relativo de las piezas, según la posición que ocupen en el tablero.

Torre

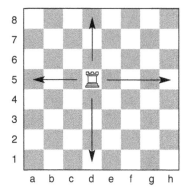

Diag. 14. Las flechas indican los movimientos horizontales y verticales sin límites de casillas que realiza la torre.

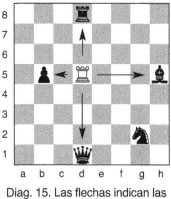

Diag. 15. Las flechas indican las posibles capturas que puede realizar la torre.

La torre se mueve por las casillas verticales y horizontales sin límite de casillas, no llega a tener la fuerza de la dama, conserva de ella sólo las trayectorias verticales y horizontales. La torre participa junto con el rey en el enroque, movimiento explicado con anterioridad.

La torre está considerada una pieza mayor. El poder relativo de la torre es superior que el de un alfil o un caballo. Dos torres equivalen a una dama. Cada bando posee dos torres ubicadas en las casillas angulares, una torre en el flanco de dama y otra torre en el flanco de rey. Tras el enroque se busca la vinculación de las dos torres, en los comienzos de la partida las torres tienen su movilidad bloqueada por los peones, en el mediojuego y los finales las torres asumen un gran protagonismo.

Alfil

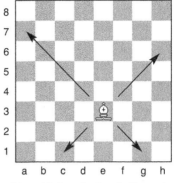

Diag. 16. Las flechas indican el movimiento del alfil en diagonal.

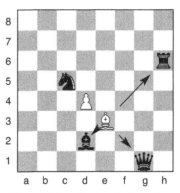

Diag. 17. Las flechas indican las posibles capturas del alfil.

El alfil se mueve en diagonal sin límite de casillas hacia adelante y hacia atrás; y conserva durante toda la partida el movimiento por las casillas del mismo color que el escaque de inicio. El alfil

27

protege casillas de un color pero deja al descubierto las casillas contrarias a la del color de su diagonal. El enemigo puede protegerse de nuestro alfil ocupando casillas de color contrario a las casillas de paso de nuestro alfil. Un alfil posicionado en el centro del tablero puede llegar a controlar hasta 13 casillas con respecto a las 7 casillas que puede controlar cuando se encuentra en posiciones alejadas del centro, en los extremos del tablero.

El alfil es una de las piezas menores del ajedrez. La palabra "alfil" proviene del persa al-Fil, y significa "el elefante". En algunos juegos de piezas antiguas, en lugar de un alfil se utiliza un elefante. El alfil solo puede desplazarse por la mitad de escaques del tablero, de los 64 escaques solo podrá recorrer las 32 casillas que corresponden al color de su escaque de inicio; así es estimado su valor relativo en menor cuantía que una torre, y en igual medida que un caballo. Aunque el valor real de caballo y alfil

depende de la situación del tablero, de la movilidad que le otorguen las casillas que ocupen, el alfil es más activo cuando el juego está abierto, atacando a los dos flancos. El caballo rinde más cuando el juego está cerrado, centrando su ataque en un flanco.

Alfil bueno

Alfil bueno, es llamado cuando el alfil tiene despejado las vías que puede recorrer de peones propios. Cuando no encuentra piezas que le bloqueen el paso. Si el alfil es de casilla blanca, los peones han de estar en casillas negras y viceversa. Así se procura la máxima movilidad posible para el alfil bueno.

Alfil malo

El alfil malo, encuentra su camino bloqueado por los peones de su propio bando, que se encuentran en las casillas del mismo color que las casillas que recorre este alfil malo. Entonces su movilidad resulta muy reducida. En estos casos, un caballo puede tener un valor relativo mayor al de un alfil malo de escasa movilidad.

Alfiles de distinto color

Se llama alfiles de distinto color cuando en el final de la partida cada bando posee un alfil que se mueve por casillas de distinto color. Es muy probable que este final de partida termine en tablas, cada bando domina una diagonal de diferente color, las fuerzas no llegan a desequilibrar.

Caballo

El caballo se mueve en forma de L saltando sobre otras piezas, no tiene que encontrar un camino despejado como el resto de piezas. Se mueve hacia el próximo cuadro de diferente color, ocupando un radio a su alrededor con las casillas de distinto color a la casilla en que se encuentra. Las mayores posibilidades del caballo emergen en las casillas centrales; al contrario, en los extremos del tablero el radio de acción del caballo se ve notablemente mermado. Recordad que el caballo controla las casillas de diferente color a su casilla en forma de L.

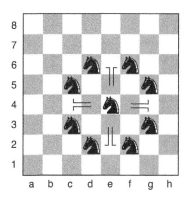

Diag. 18. Los trazos en forma de L, indican los posibles movimientos del caballo e4. El círculo de caballos ejemplifica el poder de un caballo posicionado en las casillas centrales, su radio de acción aumenta considerablemente alejado de las casillas extremas.

Por su capacidad de saltar sobre otras piezas, el caballo a diferencia del alfil, posee una gran movilidad cuando hay piezas en el tablero. Conviene mantenerlo en la zona central ampliada del tablero c3 y f3 para el bando blanco y las casillas c6 y f6 para el bando negro, así su radio de acción abarca hasta ocho casillas a su alrededor. (Ver diagrama 18.) En las casillas laterales y extremas el caballo siente mermado notablemente su radio de influencia. Ocupando estas casillas centrales el caballo puede arribar al rey rival en una sola jugada. En los extremos del tablero el caballo pierde notablemente su movilidad.

Peón

El peón en ajedrez ocupa el rango más bajo del ejército, su trabajo es duro, y sus sacrificios constantes, al estar en primera línea de combate sus bajas son cuantíosas. Pero su trabajo abnegado en aperturas, preparan el asalto al frente rival. Y a veces cuando muere destapa detrás de si el peso de la infantería.

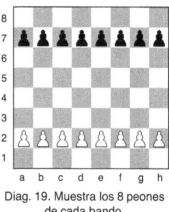

Diag. 19. Muestra los 8 peones de cada bando.

Cada bando tiene 8 peones. Los peones avanzan una casilla hacia delante, y sólo pueden hacerlo dos casillas en su primer movimiento a voluntad del jugador.

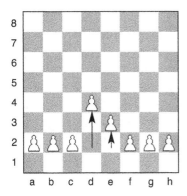

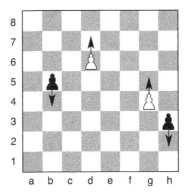

Diag. 20. Ejemplos del movimiento inicial del péon, una casilla (e3) o dos casillas a voluntad del jugador (d4).

Diag. 21. Después del primer movimiento, el péon sólo avanza una casilla.

El peón es la pieza menos potente, avanza sólo una casilla, excepto en su primer movimiento en el que puede avanzar dos casillas si el jugador lo estima conveniente. El poder de una pieza está determinado por su movilidad y alcance, las casillas que puede recorrer de un sólo movimiento y las que puede dominar y controlar desde su posición.

Los peones se mueven en vertical a través de las columnas. El peón como buen soldado de infantería nunca puede retroceder y a diferencia del resto de piezas no realiza la captura en la misma dirección de su marcha sino que lo hace una casilla en diagonal. El peón captura como el alfil, pero necesita tener la pieza rival a una casilla en diagonal.

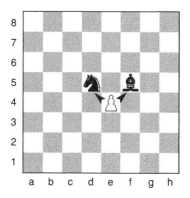

Diag. 22. Las flechas muestran las posibles capturas del péon "e". El peón es la única pieza que captura de modo diferente a como camina.

Supongamos que el peón del diagrama 22 decide capturar al caballo negro, en notación algebraica se indicaría exd5 y en el caso de que decidiese capturar al alfil negro la notación sería exf5. Al ser un peón no se usa el icono de la pieza ni se específica la coordenada inicial, simplemente se indica la columna que ocupaba el peón, en este caso la columna "e" seguida del signo de captura "x" y la coordenada de destino.

Peón bloqueado

Un peón está bloqueado cuando encuentra delante suyo en la misma columna a otro peón del bando rival que le obstruye el paso impidiéndole el movimiento.

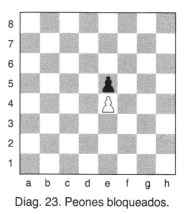

Diag. 23. Peones bloqueados.

Francoise Philidor, fue un excelente jugador francés nacido en 1724, que publicó un famoso estudio titulado "*L'Analyse du jeu des Echecs*", en el año 1749. De su libro han quedado excepcionales consejos sobre los peones:

-Los peones son el alma del ajedrez. De su correcta o incorrecta disposición depende la victoria o la derrota.

-Se deben unir y llevar los peones hacia el centro, en el caso de capturas. Se recomienda capturar siempre hacia el centro.

-Cuando se tengan dos peones unidos en línea deben mantenerse, sin avanzar ninguno hasta que el rival proponga el cambio de uno de ellos, lo que debe evitarse avanzando el peón atacado.

-Cuanto más avanzado esté un peón, más posibilidades tiene de ser capturado.

-No conviene realizar un ataque de peones hasta que no estén todos bien apoyados por ellos mismos o por piezas, sino el ataque terminará en fracaso.

-Un peón doblado, cuando está ligado con otros, no es una desventaja, si se acerca al centro.

Captura al paso
Un peón puede capturar al paso si se encuentra en la 5 fila y el oponente avanza 2 casillas su peón en el primer movimiento, entonces se puede capturar en la próxima jugada al paso.

Sólo es posible si el rival avanza dos casillas su peón quedando en la 5 fila adyacente al nuestro, o en la 4 fila si se juega con negras. (Ver diagrama 24.)

En la antiguedad en el juego de ajedrez, los peones sólo podían mover una casilla. Para darle agilidad al juego se estipuló que el peón en su movimiento inicial, a voluntad del jugador podían avanzar dos casillas. La captura al paso se instauró para evitar la pérdida de poder del peón con la nueva regla del doble avance del peón en su primer movimiento. Así, el avispado jugador no puede burlarse de nuestro peón simplemente sacando su peón dos casillas a la casilla adyacente a la nuestra, justo donde nuestro peón no puede capturar.

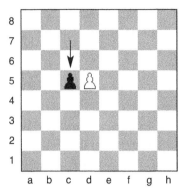

Diag. 24. Captura al paso ocurre sólo en la 5 fila o en la 4 fila si se juega con negras.

El diagrama 24 muestra un ejemplo de captura al paso de las piezas blancas, el peón blanco d5 se encuentra en la 5 fila y las negras en el primer movimiento de su peón efectuan c5, entonces a voluntad y en el mismo turno de juego las blancas pueden capturar el peón c5 quedando el peón negro fuera del tablero y el peón blanco ocupará la casilla c6, en notación algebraica se escribiría (dxc6 a.p.) . Sólo es posible si el rival saca su peón dos casillas colocando su peón al lado del nuestro. Para que sea válida la jugada la captura al paso ha de ser en la próxima respuesta, si se deja pasar la jugada ya no se puede capturar al paso.

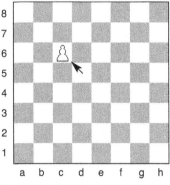

Diag. 25. Muestra la posición que ocupa el peón después de la captura al paso.

La captura se produce entonces al paso, se remueve del tablero el peón c5 y el peón blanco ocupa la casilla c6, como si el peón negro hubiese avanzado sólo una casilla. (Ver diagrama 25.)

Es el único caso en ajedrez que la pieza que captura no ocupa la posición de la pieza capturada sino que ocupa la casilla en diagonal donde capturaría el peón en un caso normal de captura.

Promoción de peones

♙: –*Soy un peón mi Dama pero puedo prosperar.*

♕: –*Rey nunca serás pero incluso a Dama podrás llegar.*

Los peones como cualquier soldado de bajo rango, pueden prosperar en su graduación militar. Los peones en el juego de ajedrez, si consiguen una posición decidida y avanzada pueden convertirse en la pieza que elija el jugador, con excepción de rey. Un peón es promocionado, convertido hasta en dama si llega a la última fila rival, a la fila 8ª o a la fila 1ª, si se juega con negras. El teórico ruso de ajedrez V. Panov, describe el carácter abnegado del peón en la promoción, de esta manera: «Lo más interesante es que un peón puede, si las circunstancias le son favorables, llegar a dama en el transcurso de la partida. Este hecho muestra una vez más la sabiduría del inventor de este juego; con ello, demostró que la persona de condición más modesta también podría

llegar a gran visir. Lo cual quizás motivó que Napoleón, gran aficionado al ajedrez, dijese: "El bastón de mariscal está en la mochila de todo soldado."»

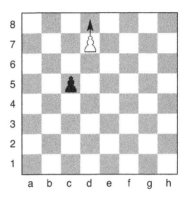

Diag. 26. Si un peón llega a la última fila será intercambiado por una pieza elegida.

La promoción tiene efectos inmediatos, un peón convertido en dama al llegar a la última fila puede llegar a hacer automáticamente jaque al rey y puede convertirse en jaque mate si el contrario no consigue evitarlo.

En notación algebraica, la promoción a dama del peón "d", se escribe d8=♕.

Equilibrio en la promoción de peones
Según V. Panov

En esta comoposición de V. Panov, se demuestra que no siempre conviene promover el peón a dama, y según que posiciones resulta más ventajoso promover el peón a caballo. Analicemos el diagrama 27.

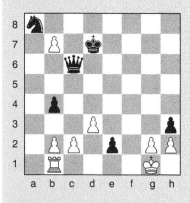

Diag. 27. Si el peón "b" llega a la última fila (8), será coronado.

En el diagrama 27, el peón b7, puede coronar avanzando b8 o capturando el caballo negro bxa8.

En el primer caso, se quita el peón del tablero y se pone otra pieza a gusto y conveniencia del jugador; en el segundo caso, se quitan las dos piezas, el caballo negro capturado y el peón blanco y se pone la pieza que el bando blanco prefiera. Todo ello es considerado una única jugada.

La ambición casi siempre lleva a considerar, ¿por qué he de elegir otra pieza que no sea la dama siendo esta la pieza más potente?

Existen posiciones en las que es más conveniente convertir el peón en otra pieza.

El peón b7 puede entrar en b8 o capturar el caballo en a8. La segunda variante o posibilidad parece la más jugosa, el bando blanco captura un caballo y promociona el peón a dama. En la jugada siguiente la dama negra captura a la nueva dama blanca, ♛xd8. Entonces nos conviene más avanzar una casilla el peón b7-b8 y convertir el péon blanco en dama, ¡otro error hijo de la ambición! No conviene promocionar el peón blanco en dama porque en la próxima jugada la dama negra puede darnos jaque mate en g2 apoyada por el peón negro h3. Sería el final de la partida.

Pero las piezas blancas tienen una tercera variante bajo la manga que le puede conducir a evitar el jaque mate y dar un duro golpe al bando blanco.

Las blancas deben avanzar el peón b7-b8, pero promocionándolo a humilde caballo. El vigoroso caballo hace jaque simultaneamente a dama y a rey. Por consiguiente después de la retirada del rey negro se captura a la dama blanca.

El peón aislado en el centro
Según B. Persits

Se llama peón aislado el que carece de peones que lo flanqueen. Veamos unos casos de un peón aislado en el escaque central d5 del bando negro y d4 para las blancas.

Defensa francesa
1.e4 e6
2.d4 d5
3.♘d2 c5
4.exd5 exd5
5.♗b5+ ♘c6
6.♘gf3 ♘f6

7.O-O ♗e7
8.dxc5 ♗xc5

Las negras tienen aislado el peón d5.

37

Defensa siciliana
1.e4 c5
2.♘f3 e6
3.d4 d5
4.exd5 exd5
5.dxc5 ♗xc5

Las negras tienen aislado el peón d5.

Apertura española
1.e4 e5
2.♘f3 ♘c6
3.♗b5 a6
4.♗a4 d6
5.O-O ♗d7
6.c3 g6
7.d4 ♗g7
8.dxe5 ♘xe5
9.♘xe5 dxe5
10.f4 exf4
11.♗xf4

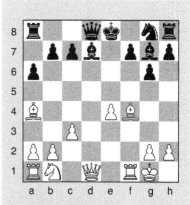

Las blancas tienen el peón aislado e4.

Apertura italiana Giuco piano
1.e4 e5
2.♘f3 ♘c6
3.♗c4 ♗c5
4.c3 ♘f6
5.d4 exd4
6.cxd4 ♗b4+
7.♗d2 ♗xd2+
8.♘bxd2 d5
9.exd5 ♘xd5

La práctica ha demostrado que en la apertura se produce el peón de dama o rey aislado, tanto en un bando como en otro.

Las blancas tienen el peón aislado d4.

Gambito de dama. Defensa Tarrasch

1.d4 d5
2.c4 dxc4
3.♘f3 ♘f6

4.e3 e6
5.♗xc4 c5
6.O-O cxd4
7.exd4

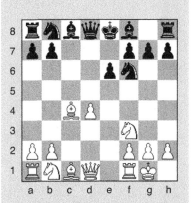

Las blancas tienen el peón aislado d4.

Avance del peón aislado
Según B. Persits

El siguiente diagrama muestra una estructura de peones característica.

La posibilidad de avanzar el peón aislado es casi siempre deseable.

Supongamos que el adversario presiona fuertemente en él; es necesario concentrar fuerzas para defenderlo. Aquí, si las negras logran realizar el movimiento d4, pueden cambiar el peón aislado y, de esta manera, desembarazarse de este punto débil. Frecuentemente, este avance se realiza contando no solamente con este modesto objetivo, sino también con el atenazamiento del adversario, la apertura de la diagonal a8-h1 y la liberación del escaque d5 para situar las piezas en ella.

Su avance es conveniente cuando se adelanta al adversario en la evolución de la apertura o se tienen las piezas mejor situadas que las de él o se puede movilizarlas después de haber avanzado el peón. También suele ser ventajoso avanzarlo con el propósito de desembarazarse del debilitamiento que su posición representa para nuestro dispositivo.

Por lo tanto en la estructura reflejada, el movimiento d4 es casi siempre ventajoso, si puede realizarse sin la pérdida del peón. Pues tras el cambio exd4, aparece con frecuencia una pieza en el escaque d5 de las negras.

3. Valor relativo de las piezas

Según J. R. Capablanca y V. Panov

Es preciso reconocer el valor táctico de algunas casillas durante la partida, en ellas una pieza potente puede multiplicar su poder, al conseguir en tales casillas controlar una mayor cantidad de escaques, al tiempo que reduce significativamente las posibilidades de movilidad del bando rival. Un caballo situado en estas ventajosas casillas consigue tener más poder que una torre. Un peón bien situado, que responde a una táctica posicional, puede bloquear la acción de piezas de mayor rango rival y por tanto estos peones pueden valer más que las piezas rivales.

Para el teórico de ajedrez V. Panov, "el poder de una pieza lo determinan su movilidad y alcance: las casillas que puede recorrer de un movimiento; las que domina desde su posición; el peligro que supone para las del adversario, y la facilidad y rapidez de penetración en el campo de éste para amenazar a su rey".

Entonces podemos concluir que las piezas tienen un valor relativo, dependen de la situación que ocupen en el tablero, no se puede hablar con exactitud sobre su valor, dependen de su situación. Lo que haremos será compararlas entre ellas, como haría el campeón del mundo, J. R. Capablanca:

- Alfil y caballo deben ser considerados del mismo valor, el alfil resultará en muchos casos de más valor, dos alfiles resultan casi siempre más eficaces que dos caballos.
- Contra peones, el alfil es más poderoso que el caballo y, acompañado por ellos, resulta también más fuerte contra una torre que lo que puede ser el caballo.
- Alfil y torre, asimismo, son más valiosos que caballo y torre, pero dama y caballo pueden resultar más fuertes que dama y alfil.

-Un alfil será a menudo de más valía que tres peones, lo cual sucede rara vez con el caballo, el que en muchas ocasiones no alcanza a ello.

-Una torre vale tanto como un caballo y dos peones o un alfil y dos peones; pero el alfil resulta una pieza de más mérito frente a la acción de la torre.

-Dos torres son algo más fuertes que una dama. Son, por otra parte, un poco más débiles que dos caballos y un alfil, y existe diferencia algo más acentuada cuando actúan contra dos alfiles y un caballo.

-El poder del caballo decrece a medida que se cambian piezas. El poder de la torre, por lo contrario, aumenta.

-El rey, que resulta una pieza puramente defensiva en el mediojuego, se transforma en ofensiva en cuanto todas las piezas se han cambiado, y a veces también en los casos en que existen una o dos piezas menores. El manejo del rey se torna de suprema importancia en cuanto se llega a la fase final de la lucha. Podemos concluir del análisis comparado del valor relativo de las piezas de Capablanca, que las piezas no tienen un valor absoluto, que su valor lo determina el trabajo que realizan, su movilidad y la cantidad de casillas que dominan, son los que le otorgan rango a la pieza. Cuantos más movimientos pueda efectuar, mayor será su poder.

Entonces, una dama, vale más que cualquier otra pieza (con excepción del rey, que no puede ser capturado); que una torre vale más que un alfil, un caballo o un peón; que un alfil y un caballo tienen un valor parecido y que cada uno de ellos vale más que un peón.

V. Panov habla de esta manera de la dama, "La dama esta considerada como la pieza más poderosa. Desde el centro del tablero domina veintisiete casillas; la torre, catorce; el alfil, también catorce, si bien es menos poderoso que esta, debido a que marcha por casillas de un color y no puede atacar las piezas que se hallan en las de color distinto, y el caballo también es menos poderoso que la torre".

La dama y las torres están consideradas piezas mayores, mientras que los alfiles y los caballos son estimados como piezas menores, al tiempo que el peón no es considerado como una pieza por su pobre poder de movimiento. Estas valoraciones conciernen al momento del mediojuego donde se realizan los cambios de piezas. Conseguir posiciones de victoria en los finales, depende del éxito con que se realicen los cambios y se obtengan ventajas. Un cambio es el trueque de una pieza por otra de igual valor. Cambio de damas, cambio de un alfil por un caballo, cambio de peones, son otras expresiones asociadas al cambio.

Obtener ventaja material significa que en el cambio un bando obtiene una pieza de mayor valor como una torre por una dama, o un alfil por otro alfil y un peón. La diferencia de valor entre una pieza mayor y una pieza menor se llama calidad.

Cuando el jugador cambia una pieza mayor por una pieza menor, por ejemplo una dama por un alfil; se dice que ha perdido una calidad, y su rival ha ganado una calidad.

Movilidad de piezas

En el diagrama de la página siguiente, el caballo ubicado en e4 tiene mucha más movilidad que los otros caballos ubicados en los laterales. Una pieza con mayor movilidad tiene mayor valor que una pieza con menor movilidad

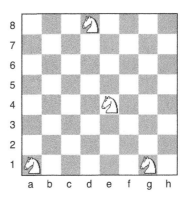

Diversas posibilidades de movimiento:

♘ en a1, dos casillas posibles: c2 y b3.
♘ en g1, tres casillas posibles: h3, f3, e2;
♘ en d8, cuatro casillas posibles: b7, c6, e6 y f7.
♘ en e4, ocho casillas posibles: c3, c5, d2, d6, f2, f6, g3 y g5.

43

4. Dominio del centro

Las casillas señaladas en el diagrama son las casillas centrales y el dominio sobre ellas constituye el dominio del centro.

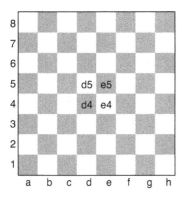

Dominar las casillas centrales e4, d4, e5 y d5 se revierte en un importante dominio de una zona que permite una gran movilidad y control del rival. El objetivo fundamental de muchas aperturas es el control y dominio de las casillas centrales, ello sin lugar a dudas otorga la iniciativa al bando que logre controlar estas casillas tan caras. Los grandes maestros suelen decir que ningún ataque llegará a buen puerto si no se controlan al menos dos de los escaques y en algunos casos es preciso dominar hasta tres de las casillas centrales.

Conociendo esto, será más fácil para el estudiante, ver el motivo de los movimientos que traen las aperturas, con el fin de controlar el centro.

Obsérvemos el siguiente análisis de una composición de J. R. Capablanca, donde desde la apertura se lucha por el dominio del centro.

Dominio del centro
Según J. R. Capablanca

1.e4 e5 2.♘f3 d6
Una jugada tímida. Las negras asumen una actitud defensiva desde el comienzo. En principio, la movida es un error. En las aperturas, siempre que sea posible, deben jugarse con preferencia las piezas a los peones.
3.d4
Las blancas asumen de inmediato la ofensiva y hacen lo posible por obtener el dominio del centro, lo cual les daría amplio espacio para desarrollar sus fuerzas.
3... ♘d7

Las negras no quieren abandonar el centro y también prefieren la jugada del texto a la más natural y lógica: 3... ♘c6. Pero, en principio, esta jugada no es buena, puesto que bloquea la salida del alfil dama y, en lugar de facilitar la acción de las piezas negras, tiende, por el contrario, a trabarlas.
4.♗c4 h6

El segundo jugador se ve forzado a pagar desde ahora la pena por la jugada anterior. Tal movida por parte de las negras condena por sí misma a cualquier forma de apertura que la haga necesaria. Las blancas amenazaban 5.♘g5, y ello no podía ser parado por medio de 4...♗e7 a causa de 5.dxe5 ♘xe5 (si 5... dxe5 6.♕d5) 6.♘xe5 dxe5 7.♕h5, y las blancas ganan un peón y además tienen una posición perfectamente segura. 5.♘c3 ♘gf6 6.♗e3 ♗e7 7.♕e2

Ha de llamar seguramente la atención del principiante que las blancas no hayan efectuado el enroque todavía. La razón en que se basa tal circunstancia es que desean desarrollar primero sus fuerzas, y con esta última jugada obligan a su adversario a mover 7... c6, para dar espacio a la dama ante la amenaza de ♖d1, seguido de dxe5. Otras alternativas, finalmente, las hubieran forzado a jugar exd4, abandonando el centro a las blancas.

7... c6 8.♖d1 ♕c7 9.0-0

Con este último golpe las blancas completan su desarrollo, mientras que su oponente se halla algo trabado. Un simple examen nos resultará suficiente para notar que la posición de las blancas, es inexpugnable. No existe un solo punto débil en su armadura, y sus piezas se hallan dispuestas ya a realizar cualquier maniobra que quieran emprender para iniciar el ataque a la posición enemiga. El aficionado deberá estudiar cuidadosamente el presente ejemplo, que le demostrará que algunas veces resulta conveniente diferir el enrroque.

1.e4 e5 2,♘f3 d6 3.d4 ♗g4 Mala jugada que viola uno de los principios establecidos, de acuerdo con el cual por lo menos debería haberse desarrollado uno de los caballos antes que saliera el alfil, y también porque ello obliga al cambio de un alfil por un caballo, que en la apertura es malo si con tal cambio no se obtiene alguna compensación.

4.dxe5 ♗xf3

Si 4... dxe5 las negras perderían un peón, luego de 5.♕xd8+ ♔xd8 y 6.♘xe5.

5.♕xf3 dxe5 6.♗c4 ♕f6

Si 6...♘f6 7.♕b3 ganaría un peón.

7.♕b3 b6 8.♘c3 c6

Con el objeto de evitar el golpe ♘d5.

Posición después de la jugada 8...,c6 de las negras.

Las negras, sin embargo, no tienen pieza alguna desarrollada, excepto la dama, y su adversario, con un alfil y un caballo en juego, posee ya la perspectiva de obtener ventaja rápidamente jugando, a pesar de todo, 9.♘d5.

El centro inmóvil
Según B. Persits

Se dice que el centro es inmóvil, cuando los peones centrales se asedian unos a otros.

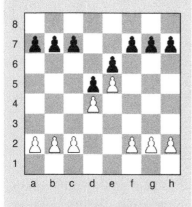

La inmovilidad del centro facilita el planteamiento del juego y permite a menudo el uso de los procedimientos típicos de la lucha.

En estas condiciones, el ataque de flanco tiene muchas posibilidades de éxito, puesto que es más difícil realizar un contragolpe en el centro; con todo, puede no permanecer inmóvil.

Tras el avance de los peones c y f, se pueden producir cambios que rompan la inmovilidad del centro.

A más de una ruptura por los peones de los flancos, no hay que descuidar la posibilidad de eliminar los peones centrales, mediante el sacrificio de piezas.

Schischov-Bivschev

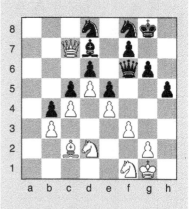

La dama blanca ha penetrado en el dispositivo del adversario; parece ser que las otras piezas no pueden ir tras ella, debido a la "barricada" de peones. Las blancas llevan ventaja material; pero no se ve la manera de beneficiarse de ella. Las blancas jugaron.

1.f4!

¿Qué hacer? La dama no puede tomar el peón, porque perece el caballo en d8 y se amenaza con destruir la barrera de peones.

1...exf4
2.e5 dxe5
3.♘e4

El caballo entra eficazmente en juego.

3... ♛h4
4.♛xe5 ♘h7
5.♘xc5

Se han eliminado los peones negros, c4, e6, d6 que cerraban el centro, y los blancos c4 y d5 deben decidir el resultado de la contienda. El bando negro busca desesperadamente la salvación.

5.... f3
6.♛g3 ♛d4+
7.♛f2 ♛xf2+
8.♔xf2

Las negras se rindieron transcurridas unas jugadas.

Importancia del centro
Según A. Suetin

En la siguiente partida entre Pliater-Vasiukov, se presta atención antes de tiempo al juego en los flancos y se olvida el importante dominio del centro.

Siciliana fianchetto acelerado, variante moderna

1.e4 c5
2.♘f3 ♘c6
3.d4 cxd4
4.♘xd4 g6
5.♘c3 ♗g7
6.♗e3 ♘f6

Las blancas optaron prematuramente por atacar al rey en vez de reforzar la presión en el centro.

7.♘xc6 bxc6
8.e5 ♘g8
9.♗d4 ♕a5!
10.e6!? ♘f6
11.exf7+ ...

Era mejor 11. exd7+ con el objetivo de evitar la superioridad de peones en el centro.

11. ..., ♔xf7
12.♗c4+ d5!

El ataque de las blancas se desconcierta ante el sólido centro del contrario.

13.♗b3 ♖e8
14.f4 c5!
15.♗e5 e6
16.♕d2 ♗b7
17.O-O ♗c6
18.a3 ♖ad8

Tras haber montado un só-
lido centro, las negras lo hacen avanzar enérgicamente.

19.♔h1 ♛a6
20.♕e2 ♛xe2
21.♘xe2 ♘g4!
22.♗xg7 ♔xg7
23.♘c3 ♘e3
24.♖f2 d4!
25.♘d1 c4!
26.♗a2 e5!

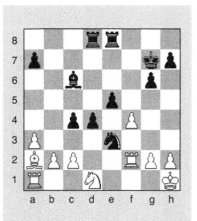

No es difícil convencerse de
que las negras tienen una superioridad decisiva. Pronto
ganaron la partida.

Presión en las casillas centrales
Según A. Suetin

El concepto moderno del
centro se ha enriquecido notablemente con la nueva
idea de que la "presión en
las casillas centrales puede
ser más efectiva que su posesión", según Alekhine.
Esto significa que, en unos
casos, no es necesario ocu-
parlo con peones para ejer-
cer dominio sobre él. La acción coordinada de las piezas puede representar un
importante papel en los escaques centrales.
Analicemos la partida Petro-
sian-Kozma.

1.♘f3 ♘f6
2.d4 e6
3.♗g5 c5
4.e3 b6?

Este error inadvertido permite a las blancas formar una poderosa avanzadilla de piezas en el centro, mediante el enérgico movimiento siguiente:

5.d5! exd5
6.♘c3 ♗b7
7.♘xd5 ♗xd5
8.♗xf6 ♕xf6
9.♕xd5 ...

Las blancas ocupan sólidamente la casilla crítica d5 con sus piezas y atenazan las fuerzas combativas negras en el centro. En esta posición se pondrá de manifiesto la vulnerabilidad de las negras en la vertical de dama.

9. ..., ♘c6
Es inferior (9..., ♕xb2
10.♖d1 ♕b4+ 11.c3!
♕xc3+ 12.♖d2 ♕c1+
13.♔e2, pues las blancas ganan la torre.)
10.♗c4 ♗e7
11.O-O-O ♖d8
12.♖d2 O-O
13.c3 ♘a5
14.♗e2 ♕e6
15.♖hd1 ♕xd5
16.♖xd5 d6
17.♘d2 ...

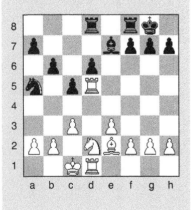

El cambio de damas ha aliviado un poco la situación de las negras, aunque continúa la eficaz presión de las piezas contrarias en la vertical de dama; no hay más defensa que con los siguientes movimientos:

17. ..., f5
18.f4 g6
19.g3 ♖f6
20.e4 fxe4
21.♘xe4 ♖e6
22.♗f3 ♔g7
23.b3 ♘c6
24.♖5d3 ...

Las blancas se disponen a situar el alfil en la casilla d5, donde actuará con la máxima eficacia.

24. ..., ♘b8
25.♘f2 h5
26.♔d2! ...

El rey toma parte activa en el juego y, aprovechando el atenazamiento de las fuerzas de las negras, intenta dirigirse a la casilla f3 para apoyar la ofensiva de su ejército.

26. ..., ♗f8
27.♗d5 ♖e7
28.♘e4 ♘a6
29.♔e3 ♘c7

Hubiese sido más eficiente el sacrificio de peón (29...c4 30.bxc4 ♘c5), porque ahora se les presenta un juego sin ninguna perspectiva.

30.♔f3 ♘xd5
Esto es tanto como capitular, pues se crea una posición en que un caballo importante se ha trocado por un alfil poco valioso.

31.♖xd5 ♖ee8
32.♖e1 ♖e6
33.♖e2 b5
34.h3 a5
35.g4 hxg4+
36.hxg4 ♗e7
37.f5 ♖e5
38.♖xe5 dxe5
39.♖d2 ♖f8
40.♖d7 ♖f7
41.♖xe7!

Y las negras se rindieron. Venció la presión de las piezas; de ello se deduce que la posesión del centro en la apertura facilita la acción y movilidad de las fuerzas combativas.

5. Aperturas

Las aperturas en ajedrez son las primeras jugadas de la partida, que preparan al ejército y lo organizan para conseguir el dominio de las casillas centrales, apoyado por una cadena de peones u otras piezas menores como alfil y caballo. El término hace referencia a la sucesión de primeras jugadas que hacen las blancas desde su posición inicial, a la respuesta del bando negro en contraposición, se le llama defensa. La apertura es la primera parte constructiva que dará paso al mediojuego y luego a la étapa del juego llamada final. Esta fase del juego tan importante, ha de ser jugada con suma organización, siguiendo un plan estructurado que conlleve el desarrollo rápido y correcto de las piezas.

La apertura es una parte esencial del ajedrez. Una apertura sólida y bien concebida reafirma posiciones ventajosas en el tablero. En cambio, una apertura que no guarda una relación de las piezas entre sí, y que no permite el desarrollo del resto de piezas, encontrará en las otras facetas de la partida inmensos escollos, que darán definitivamente con la derrota.

Hoy en día las aperturas están profundamente analizadas (en algunos casos hasta la jugada 20 o más), en muchas partidas los primeros movimientos se realizan de manera mecánica siguiendo la teoría de aperturas establecida. Los jugadores profesionales pasan años estudiando las aperturas y continúan así durante toda su carrera, persiguiendo la evolución continúa de la teoría de aperturas.

5.1 Tipos de aperturas
Las aperturas se clasifican en "aperturas abiertas", "aperturas semiabiertas", "apertu-

ras cerradas" y "aperturas semicerradas".

Aperturas abiertas

En las "aperturas abiertas"
las negras en su respuesta no
abandonan la idea de enta-
blar una lucha abierta por
las casillas centrales. En ajedrez, una apertura abierta es
aquella que empieza mo-
viendo el peón de rey dos
casillas y el negro contesta
con el mismo movimiento
(1. e4 e5). Estos son los movimientos de apertura más
populares y tienen mucha
fuerza, trabajan en el control del centro, y permite la
salida de dos piezas (la dama
y el alfil de rey). Las aperturas más antiguas en el juego
de ajedrez derivan de 1.e4.

Apertura abierta: 1.e4 e5.

Aperturas semiabiertas

En las aperturas semiabiertas el bando negro no responde con 1... e5, sino con
un movimiento como 1... e6
(Defensa francesa) o 1... c5
(Defensa siciliana).

Se llaman aperturas se-
miabiertas a aquellas en las
que jugador blanco avanza
dos posiciones el peón de su
rey y las negras contestan
con un movimiento distinto
de 1. e5.

Apertura semiabierta: 1.e4
no se responde con: 1. e5.

Aperturas cerradas

En las "aperturas cerradas"
el bando negro se cierra en
defensa para impedir el
avance del bando blanco
aunque sea a costa de ceder
las casillas centrales. Se llaman aperturas cerradas

aquellas en las que el bando blanco avanza dos casillas su peón de dama y el negro responde con el mismo movimiento, avanzando dos casillas su peón de dama. Las aperturas cerradas comienzan con 1.d4 d5. El movimiento 1.d4 ofrece los mismos beneficios para el desarrollo y control del centro que 1.e4, pero a diferencia de las aperturas de peón de rey donde el peón e4 no está defendido después del primer movimiento, el peón de d4 está protegido por la dama blanca. Esta pequeña diferencia tiene un gran efecto en la apertura.

Apertura cerrada: 1.d4 d5.

Aperturas semicerradas

Las "aperturas semicerradas" armonizan los dos aspectos, intentan frenar al rival sin abandonar la lucha por las casillas centrales. En las aperturas semicerradas tras 1.d4 las negras responden con una jugada diferente a 1...d5. Se llaman aperturas semicerradas aquellas en las que el bando blanco avanza dos casillas su peón de dama y el bando negro contesta de diferente manera, sin avanzar dos casillas su peón de dama.

Aperturas semicerradas son aquellas en las que tras 1.d4 las negras responden con una jugada diferente a 1...d5.

Apertura semicerrada: 1.d4.

Estrategia general de las aperturas
Según J. R. Capablanca

El talentoso campeón del mundo José Raúl Capablanca, apodado el Mozart del ajedrez por su brillante maestría, considera que en este período de la partida lo más importante es desarrollar las piezas rápidamente, es decir, colocarlas en acción tan pronto como se pueda.

En su genial método para el aprendizaje del ajedrez describe que desde que se inicia la lucha, existen dos movidas: 1.e4 o 1.d4, que permiten la salida de la dama y uno de los alfiles. Por consiguiente, hablando en tesis general y desde el punto de vista puramente teórico, cualquiera de esta dos jugadas debe ser la mejor, teniendo en cuenta que ninguna otra trae aparejadas tales ventajas.

Veamos el siguiente comienzo analizado por Capablanca:

1.e4 e5 2.♘f3 ...

Este movimiento es a la vez de ataque y desarrollo. Las negras pueden ahora replicar con una jugada de idéntica acción.

2... ♘c6

Con este golpe se desarrolla una pieza y, al propio tiempo, se defiende el peón rey atacado.

3.♘c3 ♘f6 4.♗b5 ...

En general, se admite que no es conveniente desarrollar este alfil antes que se haya hecho lo mismo con uno de los caballos, y es preferible que sea el caballo de rey (el de g1 o g8).

El alfil bien podría haberse llevado a la casilla c4, pero conviene, siempre que ello sea posible combinar el desarrollo y el ataque.

4.... ♗b4

Las negras contestan en la misma forma, amenazando un posible cambio del alfil por el caballo, seguido de ♘xe4. 5.0-0 ...

Una forma indirecta de prevenir 5... ♗xc3, que una mayor experiencia o estudio demostrará ser mala. Al mismo tiempo, con el enroque, la torre de rey podrá ser llevada a la acción en el centro, lo que constituye un hecho muy importante.

5.... 0-0

Las negras siguen idéntica forma de razonamiento.

6.d3 d6

Estas jugadas tienen un doble objeto: proteger el peón de rey y abrir la diagonal para el desarrollo del alfil de dama.

7.♗g5 ...

Posición después de la jugada 7.♗g5 de las blancas.

Una jugada muy fuerte, que nos lleva al mediojuego y tiene en vista desde ya una combinación para ganar rápidamente con ♘d5. Al mismo tiempo, esta amenaza impide a las negras continuar de idéntica forma y rompe la simetría de la posición. (Existe un largo análisis demostrando que estas deben perder la partida si juegan también 7...♗g4.) Por ello, se encuentran forzadas a mover 7... ♗xc3, como lo demuestra la experiencia.

Aperturas cerradas, ataques a f2 y f7

Según A. Suetin

Variantes de gambito de dama aceptado:

1.d4 d5
2.c4 dxc4
3.♘f3 ♘f6
4.e3 a6
5.♗xc4 ♗g4?
6.♗xf7+! ♔xf7
7.♘e5+, etc.

Otra variante del gambito de dama aceptado:

1.d4 d5
2.c4 dxc4
3.♘f3 c5
4.d5 ♘f6
5.♘c3 e6
6.e4 exd5
7.e5! d4
8.♗xc4 dxc3!
9.♗xf7+!

Se podría poner muchos ejemplos más, aunque con los ofrecidos es suficiente para comprender la necesidad de prestar atención a los movimientos que se realizan en el flanco del rey.

Existe cierta diferencia entre las aperturas que originan los movimientos de los peones centrales e4 y d4, a consecuencia de la posición inicial del rey y la dama.

En las aperturas de e4 las blancas pueden efectuar el enroque y terminar la movilización antes que en las aperturas de d4.

La lucha por las casillas centrales también tiene caracteres distintos. Particularmente se advierte esto en las aperturas que surgen después de los movimientos 1.e4, e5, y 1. d4, d5, en que las negras procuran mantener el equilibrio cuantitativo en el centro.

Sin embargo, la lucha por el centro toma formas distintas y es natural que los dos bandos, especialmente el blanco, que tiene la iniciativa en la apertura, traten de eliminar respectivamente el peón central, lo cual, si se logra, da cierta superioridad al sector más importante de la contienda.

En la apertura 1. e4, e5, pueden las blancas abrir más fácilmente el juego en el centro, mediante d4, pues la dama defiende este peón.

Aunque las negras, por su parte, están en situación de llevar a efecto el contra movimiento d5.

Por eso, el centro se abre con mayor facilidad, es decir, se eliminan los peones situados en él en las aperturas que se desarrollan después de 1.e4, e5; por lo contrario, el movimiento e4 es difícil de realizar en las aperturas 1.d4, d5. Y así, la posición en el centro suele permanecer cerrada bastante tiempo.

Después de 1.d4, d5, es más eficaz la socava del centro del contrario con el movimiento de flanqueo, peón a la casilla c4 para las blancas y peón a c5 para las negras.

En la apertura 1.e4, e5, esta socava efectuada con el movimiento f4 para las blancas, y f5 para las negras, parece más demoledor el movimiento para los dos bandos, porque menoscaba sensiblemente el flanco del rey.

De lo dicho se deduce que en la apertura 1.e4, e5, es más fácil desarrollar un intenso juego de piezas y desenvolver el ataque por el flanco del rey que en la apertura 1.d4, d5; en ésta, la contienda tiene un carácter más lento y preventivo, y estratégicamente es más complicada. Ello ha influido esencialmente en el proceso de desarrollo de la teoría de la apertura.

Los flancos, ataques a f2 y f7
Según A. Suetin

En la posición inicial, el rey y la dama están situados en las verticales centrales y sus flancos los forma el espacio comprendido entre las verticales de torre, caballo y alfil de rey y las de dama respectivamente. El carácter de la lucha en los flancos varía a medida que transcurre la partida.

En dicha posición se observa que los dos puntos, f2 para las blancas y f7 para las negras, son los puntos más vulnerables.

Posiblemente no hay ajedrecista que en sus comienzos no intentase atacar al rey contrario después de los movimientos, (jugando con blancas) 1.e4 e5, 2.♕h5 y ♗f4, creando con ello la amenaza de mate en el punto f7 del bando negro.

Esta tendencia natural parece dictada subconscientemente por la intención de aprovechar la vulnerabilidad de dicho punto de las negras, las cuales pueden rechazar fácilmente este ataque primitivo; es más, la salida prematura de la dama blanca con el propósito de amenazar mate, les permite al bando negro ganar tiempo para movilizar sus fuerzas y tomar la iniciativa.

Por ejemplo:
1.e4 e5
2.♕h5 ♘f6
3.♗c4 g6
4.♕f3 ♘c6

5.g4 (Admitamos que las blancas insisten en su "activo" propósito), ♘d4!; 6. ♕d1, d5!, y las negras tienen la iniciativa.

Este ejemplo de ataque frustrado no significa que no se debe atacar el punto de referencia. Pues se conocen muchos ataques y combinaciones brillantes en este sentido, el hermoso "Mate de Legal" es un claro ejemplo de ataque al punto f7:

1.e4 e5
2.♘f3 d6
3.♗c4 h6
4.♘c3 ♗g4
5.♘xe5 ♗xd1
6.♗xf7+ ♔e7
7.♘d5#

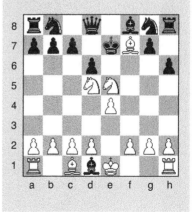

Cómo debe jugarse la apertura
Según A. Suetin

Los escaques centrales tienen un valor importantísimo en la apertura. Mientras no se haya determinado dónde se desarrollará la contienda, es conveniente dirigir la acción de las fuerzas combativas al centro del tablero. Este axioma del ajedrez está demostrado por la experiencia de muchas centurias. La desestimación del centro en la apertura puede traer consecuencias graves y hasta la pérdida de la partida.

Para convencernos de ello nos remitimos a la práctica y ofrecemos un caso de cómo jugaron dos ajedrecistas principiantes la Apertura Italiana Giuco Piano

1.e4 e5
2.♘f3 ♘c6
3.♗c4 ♗c5
4.c3 ♘f6
5.O-O ...

Tras esta serie de movimientos, las negras realizaron el inadecuado movimiento 5.... a6, en vez de tomar el importante peón central del oponente con la jugada 5..., ♘xe4!
Esto permitió a las blancas formar un sólido centro de peones que no tardaron en hacer evolucionar adelante de modo contundente.

5.... a6
6.d4 exd4
7.cxd4 ♗a7
8.d5! ♘e7
9.e5! ...

9. ... ♘g4
10.h3 ♘h6
11.d6! ...

Momento aleccionador; las blancas no se conforman sólo con su éxito en el centro, sino que lo aprovechan inmediatamente para atacar al rey.

11. ..., ♘g6
12.♗g5! f6
13.exf6 gxf6
14.♖e1+ ...

14. ... ♔f8
15.♗xh6#

El tiempo, la movilización en la apertura
Según A. Suetin

El objetivo fundamental de la apertura es movilizar rápidamente las piezas y situarlas en posiciones eficientes. El tiempo es muy importante en la apertura y en el transcurso de la partida. Ganarlo es una de las premisas fundamentales para llevar a cabo una ofensiva. ¿Cuántas veces nos encontramos con que nos falta un tiempo durante el juego? Un tiempo puede decidir el éxito de una operación táctica, de un plan estratégico y hasta el resultado de la contienda. El destacado maestro soviético Serguei Belavenets, caído en el frente de la segunda guerra mundial, solía decir que la partida de ajedrez "es la estrategia de la falta de tiempo".

De ahí que una pieza no se debe mover dos veces en el transcurso de la apertura si no ha de reportar ningún beneficio. No es conveniente incluir antes de tiempo las torres o la dama dentro del juego activo, porque pueden ser objeto de ataque por las piezas menores y peones, además de ser una pérdida de tiempo.

Un ejemplo de ello es el ataque 1.e4 e5, 2.♕h5?, porque puede ser rechazado por las negras con 2. ..., ♘f6! Que permite una rápida movilización de las piezas, aun cuando se sacrifique el peón. Veamos:

3.♕xe5+ ♗e7
4.♗c4 ♘c6
5.♕f4 O-O
6.♘f3 d5!

Termina la movilización, las negras deben iniciar el ataque. Pues la superioridad en el desarrollo puede ser utilizada en caso de que se abra el juego por el centro:

7.exd5 ♖e8

No es difícil convencerse de que las negras han conseguido un poderoso ataque por "poco precio", el cual las blancas posiblemente no puedan rechazar, por haber demostrado la movilización de sus fuerzas. Tampoco son recomendables continuaciones, como:

1.e4 e5
2.♘f3 ♞f6?

Con cuyo movimiento las negras ceden la defensa del peón a su dama, situándola en e7; esto permite a las blancas, después de 3.♘c3, ganar tiempos con la amenaza ♘d5, que atacaría a la dama negra en e7.

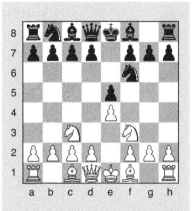

Recomendamos a quienes se inician en el juego de ajedrez que, tras el movimiento 1.e4, sitúen los caballos en posiciones sólidas, es decir, en las casillas c3 y f3.

Con los alfiles debe hacerse lo mismo. Veamos: luego de 1.e4, e5; 2.♘f3, ♞c6, es conveniente poner el alfil blanco en el escaque c4 o b5. Resulta pasivo el movimiento 3.♗e2?, y desacertado el 3.♗d3?, porque la situación de la pieza en esta casilla obstruye la evolución del flanco de dama.

6. Aperturas clásicas

6.1 Apertura española

Se le conoce como apertura Ruy López, fue el ajedrecista español Ruy López de Segura quien en su manual publicado en el siglo XV, la describe. Los estudiosos del ajedrez han dedicado muchas horas al análisis de sus numerosas variantes. En el análisis profundo de esta apertura han contribuido los grandes maestros rusos y en especial Chigorin.

Suele otorgar a las piezas blancas una ventaja leve, pero larga.

Línea principal
1.e4 e5
2.♘f3 ♘c6
3.♗b5

Variantes con 3...a6

Apertura española con 3.... a6.
Posición inicial.

Línea principal
1.e4 e5
2.♘f3 ♘c6
3.♗b5 a6

Variante del cambio

Apertura española con 3.... a6.
Variante del cambio.

La idea de las blancas es cambiar el peón "d" por el peón "e" y conseguir una mayoría de peones en el flanco de rey, y doblar peones al negro en el flanco de dama.

Línea principal
1.e4 e5
2.♘f3 ♘c6
3.♗b5 a6
4.♗xc6 dxc6 5.0-0 f6

6.2 Apertura italiana Giuoco piano

El Giuoco piano, juego lento en italiano, es la línea principal de la Apertura italiana.

Sus ideas estratégicas son: ataque al punto f7, el único que sólo está defendido por el rey, centro abierto y control de la diagonal a2-g8. El bando negro repite la acción atacando el punto f2, y procurando hacer la jugada d5 y atacar el alfil en c4 lo antes posible.

Línea principal
1.e4 e5
2.♘f3 ♘c6
3.♗c4 ♗c5

Apertura Italiana Giuoco piano.
Posición principal.

Apertura Italiana Giuoco piano variante Clásica

Línea principal
1.e4 e5
2.♘f3 ♘c6
3.♗c4 ♗c5
4.d3 d6
5.♘c3 ♘f6
6.♗g5 h6
7.♗e3 ♗b6

Apertura Italiana Giuoco piano Ataque Moller

Línea principal
1.e4 e5
2.♘f3 ♘c6
3.♗c4 ♗c5
4.c3 ♘f6
5.d4 exd4
6.cxd4 ♗b4+
7.♗d2, ...

Apertura Italiana Giuoco piano Variante pianisimo

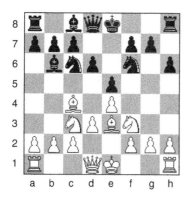

Línea principal
1.e4 e5
2.♘f3 ♘c6
3.♗c4 ♗c5
4.c3 ♘f6
5.d4 exd4
6.cxd4 ♘b4
7.♘c3 ♘xe4
8.0-0 ...

6.3 Apertura francesa

Defensa francesa

La defensa francesa es una apertura semiabierta, que comienza con los movimientos 1.e4, e6. El bando negro lucha por el centro, posicionando sus peones en e6 y d5. Es una de las respuestas más extendidas a la acción del bando blanco 1.e4.

Línea principal
1.e4 e6
2.d4 d5

Variante Paulsen

Defensa francesa. Variante Paulsen

Las blancas tratarán de que el alfil negro de casillas blancas no juegue en mucho tiempo, y han de mantener seguro el peón d4, para lo cual pueden optar por enrocarse largo, y tratarán de atacar el flanco de rey por medio de f4. Por su parte, las negras tratarán de buscar cambios en el centro buscando un final igualado y un ataque en el flanco de dama.

Línea principal
1.e4 e6 2.d4 d5 3.♘c3 ♘f6
4.♗g5

1.e4 e6 2.d4 d5 3.♘c3 ♘f6
4.♗g5 ♗b4 Variante Mac-Cutcheon

Defensa francesa. Variante clásica

Línea principal
1.e4 e6 2.d4 d5 3.♘c3 ♘f6
4.♗g5 ♗e7 Variante Clásica

1.e4 e6 2.d4 d5 3.♘c3 ♘f6
4.e5 Variante Steinitz

Defensa francesa. Variante Winawer

Línea principal
1.e4 e6 2.d4 d5 3.♘c3
♗b4 Variante Winawer

Defensa francesa. Variante Tarrasch

1.e4 e6 2.d4 d5 3.♘d2
1.e4 e6 2.d4 d5 3.♘d2 ♘f6

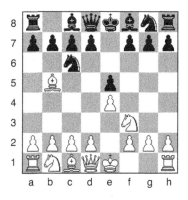

1.e4 e5 2.♘f3 ♘c6 3.♗b5.

Apertura española

Según A. Suetin

Es la más popular de todas las aperturas abiertas; lleva varios siglos de existencia y, sin embargo, continúa atrayendo la atención de los ajedrecistas.

Contiene problemas tácticos y estratégicos muy diversos y complejos. En ella, los matices más vehementes de lucha por el centro están coligados con un juego flexible en los flancos.

La idea fundamental del movimiento 3. ♗b5 estriba en crear una prolongada presión sobre los apoyos centrales de las negras y preparar consecutivamente los acontecimientos en el centro, el problema estratégico de las negras es mucho más complicado que en otras aperturas abiertas. Recordando la regla según la cual no se puede conocer lo complicado si se desconocen sus elementos, veamos la siguiente partida que ha pasado a las páginas de la historia.

Capablanca-Vidmar
1.e4 e5
2.♘f3 ♘c6
3.♗b5 a6
Esta defensa es la que goza de mayor popularidad; en ella, las negras hacen que se determine en seguida la posición del alfil. Las blancas no consiguen nada si continúan:
4.♗xc6 dxc6
5.♘c3 f6
6.d4 exd4
7.♕xd4 ♕xd4
8.♘xd4 ♗d7,

Porque se produce un final favorable a las negras, y aún más si 5.♘xe5 ♕d4!. Por ello, la retirada del alfil a a4 es lógica.

Con 3. ..., a6, se detiene la presión de las blancas en el centro y se dispone oportunamente del movimiento b5¡ para que el alfil se retire al escaque b3, aunque esto debilita un poco la posición de peones del flanco de dama.

Mal desarrollo de piezas, rey centrado
Según A. Suetin

El rey es la pieza más vulnerable en la apertura y juego medio debido a los ataques de las fuerzas contrarias. Por esta razón, ha de procurarse enrocar antes de que se abra el centro; además, permitir incluir la torre en el juego activo.

La desestimación del desarrollo de las piezas y el mantenimiento del rey en el centro son con frecuencia la causa de una derrota inminente. En este sentido es aleccionadora la siguiente partida jugada entre dos principiantes:

1.e4 d5
2.exd5 ♕xd5
3.♘c3 ♕a5
4.d4 ♘c6?

Esto es un ejemplo de una movilización desacertada. El último movimiento de las negras facilita a las blancas empezar con tiempo operaciones activas en el centro. Lo oportuno era 4.... ♘f6, 5.d5 ♘b4

Otro error; era relativamente mejor volver el caballo a su posición inicial. La "actividad" de las negras es evidentemente prematura.
6.a3 ♗f5

Con ayuda de la amenaza 7....♘xc2+, las negras insisten en tomar la iniciativa cueste lo que cueste.

En casos así no hay que someterse a las intenciones del contrario y pasar a la defensiva con el movimiento, por ejemplo, 7.♗d3?, pues la actividad de las negras estaría totalmente justificada tras la respuesta 7.♘xd3+. Aquí se trata de castigar al contrario por desestimar el desarrollo de las piezas. La lógica del juego del ajedrez indica que es necesario hallar una refutación, la cual debe buscarse en el contraataque, que ha de ser enérgico aun cuando entrañe sacrificios.

Partiendo de este principio, las blancas rechazaron de un modo convincente el prematuro ataque del contrario.

7.♗b5+ c6

Era mejor 7. ..., ♚d8, aunque las blancas hubiesen tenido una ventaja importante después de 8.♗a4. Ahora se va a producir la derrota fulminante.

8.axb4 ...
Las blancas ofrecen el sacrificio de una calidad con objeto de atacar decisivamente al rey.

8...., ♛xa1
9.dxc6 a6
10.♘d5!

Y las negras abandonaron la partida, por no poder defenderse de los movimientos 11.♘c7 mate o 11.cxb7+.

Principios fundamentales de las aperturas
Según V. Panov

1. Las piezas deben desarrollarse con rapidez y sin pérdida de tiempo; a saber: no se debe mover varias veces una pieza sin haber movido antes las otras, ni haber creado una posición conveniente.

2. Al mismo tiempo que al desarrollo de las piezas hay que atender a la defensa del rey y enrocar en cuanto haya oportunidad para hacerlo; si no, estorbará la acción de piezas y, sobre todo, será un obstáculo para la vinculación de las torres.

3. La dama no debe moverse antes de tiempo; primero hay que poner en actividad a las piezas menores: caballos y alfiles; de lo contrario, se verá sometida a los ataques de las piezas menores del adversario y, al retirarse, perderá tiempo que el rival aprovechará para dar fin al desarrollo de la apertura y pasar al ataque.

4. Si el desarrollo de las piezas es normal y correcto, no conviene atacar ni contraatacar inmediatamente, sino hacerlo cuando las fuerzas estén movilizadas y se haya enrocado. Pues todo ataque, promovido con pocas fuerzas y fundado en los descuidos que pueda tener el contrincante, está condenado al fracaso.

En la apertura no es aconsejable lanzarse sin prudencia a la obtención de una pequeña ventaja material, como la ganancia de un peón, y así sucesivamente, si ello ha de retrasar el desarrollo y evolución de las piezas, las deja desligadas o hacen perder la iniciativa.

1. Las piezas deben desarrollarse con rapidez y sin pérdida de tiempo; a saber: no se

debe mover varias veces una pieza sin haber movido antes las otras, ni haber creado una posición conveniente.

2. Al mismo tiempo que al desarrollo de las piezas hay que atender a la defensa del rey y enrocar en cuanto haya oportunidad para hacerlo; si no, estorbará la acción de piezas y, sobre todo, será un obstáculo para la vinculación de las torres.

3. La dama no debe moverse antes de tiempo; primero hay que poner en actividad a las piezas menores: caballos y alfiles; de lo contrario, se verá sometida a los ataques de las piezas menores del adversario y, al retirarse, perderá tiempo que el rival aprovechará para dar fin al desarrollo de la apertura y pasar al ataque.

4. Si el desarrollo de las piezas es normal y correcto, no conviene atacar ni contraatacar inmediatamente, sino hacerlo cuando las fuerzas estén movilizadas y se haya enrocado. Pues todo ataque, promovido con pocas fuerzas y fundado en los descuidos que pueda tener el contrincante, está condenado al fracaso.

En la apertura no es aconsejable lanzarse sin prudencia a la obtención de una pequeña ventaja material, como la ganancia de un peón, y así sucesivamente, si ello ha de retrasar el desarrollo y evolución de las piezas, las deja desligadas o hacen perder la iniciativa.

Consejos a tener en cuenta en las aperturas

1. Empezar la partida con el peón del rey (1. e4) o con el de la dama (1. d4); de esta manera, se abre paso a la dama y al alfil y se ataca al peón adversario del centro. En la respuesta, las negras tienen mayores posibilidades: a 1. e4 pueden contestar con 1. ..., e5 lo que comúnmente causa una lucha sim-

ple, aguda y comprensible para el que comienza, o elegir una apertura semiabierta.

Y a 1. d4 se puede responder con 1. ..., d5, que es lo menos complicado, y terminar la evolución del flanco del rey aproximadamente así:

1. d4 d5;
2. c4 e6;
3. ♘c3 ♘f6;
4. ♗g5 ♘bd7;
5. e3 ♗e7 (pero no 5. c4xd5, por suceder 5.... , e6xd5; 6. ♘xd5;)
5.♘f3, 0-0 y, luego, jugar b3 y ♗g2.

Las otras aperturas cerradas son más difíciles para el que se inicia en este juego.

2. Al comienzo de la partida, no se debe sacar la dama, porque el adversario la atacará con sus piezas menores y con ello ganará tiempo.

3. En la apertura no deben hacerse movimientos de espera o pasivos, como h3 y a3, ni que debiliten el futuro enrroque, como h4 y g4, etc. Cada movimiento de apertura ha de hacerse para situar una pieza cerca del centro o abrir una línea para su acción.

4. Debe crearse un sólido centro de peones si ello es posible; por ejemplo, situar los peones en las casillas e4 y d4 con objeto de limitar la movilidad de las piezas adversarias.

5. No se deben perder tiempos moviendo una sola pieza sin un motivo que lo justifique.

6. Al principio, es aconsejable mover las piezas menores del flanco del rey, preparando de esta manera el enroque corto para alejar al rey del centro y poner en movimiento a la torre. Tras el enroque, se debe movilizar el flanco de la dama y, por último, poner a esta pieza en juego.

7. Una vez se ha realizado la evolución de las fuerzas, las blancas deben preparar un ataque, procurando que to-

das las piezas actúen conjuntamente y se dirijan a un objetivo determinado. No se debe atacar prematuramente y con pocas piezas, salvo que el adversario cometa un error, que permita efectuar una combinación forzada, como se ha visto en las partidas anteriores.

8. Todo peón atacado ha de defenderse con una pieza menor, como en la apertura española 1. e4, e5; 2. ♘f3, ♘c6; 3. ♗b5, o contraata-

car al peón adversario como en la rusa 1. e4, e5; 2. ♘f3, ♘f6.

9. Debe evitarse todo intento de ir a la caza de peones si ello causa la perdida de la iniciativa o el empeoramiento de la posición.

10. En la fase inicial de la partida, las negras no deben lanzarse a un contraataque, sino terminar la evolución de sus fuerzas y crear una posición defensiva y sólida.

7. Mediojuego. Posiciones ganadoras

Según J. R. Capablanca

Dedicaremos algún tiempo a examinar posiciones que a menudo se presentan en la partida viva, y que le darán al estudiante una idea de las bellezas de nuestro juego, en las que podrá deleitarse en cuanto se halle más familiarizado con sus secretos.

jugar ♖e1 mate. Entonces las blancas realizan su real y más efectiva amenaza:
1... ♖e8; 2.♕xh7+ ♚xh7; 3.♖h3+ ♚g8 (única); 4.♖h8 mate.
El mismo tipo de combinación puede conseguirse como resultado de una posición algo más complicada.

Juegan las negras.
Corresponde mover a las negras, que, teniendo en cuenta que su adversario, a primera vista, amenaza ♕h6 y dar mate en g7, mueven 1...♖e8, con la intención, a su vez, de

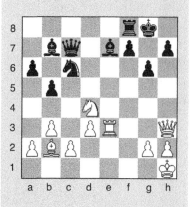

Juegan las blancas.
Las blancas tienen una pieza menos y, si no consiguen recuperarla de inmediato, están perdidas. Por lo tanto, emplean el siguiente procedimiento ganador:

1.♘xc6 ♗g5.
El caballo no puede to-
marse, ya que en tal caso las
blancas darían mate con
♕xh7+, seguido de ♖h3+ y
♖h8.
2.♘e7+ ♕xe7
De nuevo si 2... ♗xe7
3.♕xh7+ ♔xh7; 4.♖h3+
♔g8; 5.♖h8 mate.
3.♖xe7 ♗xe7; 4.♕d7

Y ganan uno de los dos
alfiles y la partida con toda
facilidad, por la gran diferencia de material: dama y
alfil contra torre y alfil.

Estos dos ejemplos de-
muestran el peligro que en-
cierra avanzar el peón g una
casilla, después de efectuado
el enroque corto.

Juegan las blancas.
He aquí otro interesante
tipo de combinación. Las
negras tienen una torre por
un caballo (calidad de ventaja) y deben imponerse, a
menos que las blancas sean
capaces de conseguir alguna
compensación inmediata-
mente. Y, en efecto, pueden
dar mate en pocas movidas:
1.♘f6+ gxf6.
Forzado, pues de lo contrario seguiría ♕xh7 mate.
2.♕g3+ ♔h8; 3.♗xf6 mate.

Juegan las blancas.
El mismo tipo de combinación se presenta en una forma más complicada en esta posición. Veamos el procedimiento ganador:
1.♗xd7 ♕xd7
Si 1... ♗xe4; 2.♕c3, amenazando mate en g7, lo que ganaría la dama negra atacada.
2.♘f6+ gxf6; 3.♖g3+ ♔h8;
4.♗xf6 mate.

Una clase de combinación muy frecuente se demuestra en la posición del diagrama siguiente:

Juegan las blancas.
Aquí las blancas tienen la calidad y un peón de menos; pero, no obstante, pueden ganar en seguida de la siguiente manera:
1.♗xh7+ ♔xh7
(Si 1...♔h8; 2.♕h5 g6;
3.♕h6 y ganan)
2.♕h5+ ♔g8; 3.♘g5.
Las negras no pueden evitar el mate en h7 si no sacrifican su dama jugando ♕e4, lo que da a las blancas la ventaja de dama contra torre.

Este mismo tipo de combinación se observa en una forma más complicada en la posición que sigue:

Juegan las blancas.
Las blancas proceden así:
1.♘xe7+
Liberando la diagonal del alfil blanco.
1... ♗xe7
Con el fin de evitar la jugada ♘g5 después del sacrificio del alfil.
2.♖xe7 ♘xe7; (lo mejor!)
3.♗xh7+ ♔xh7.
Si 3... ♔h8; 4.♕h5 g6;

5.♗xg6+ ♔g7; 6.♕h7+ ♔f6; 7.g5+ ♔e6; 8.♗xf7+ ♖xf7; 9.♕e4 mate.
4.♕h5+ ♔g8 5.♘g5 ♖c8 6.♕h7+ ♔f8 7.♕h8+ ♘g8 8.♘h7+ ♔e7 9.♖e1+ ♔d8 10.♕xg8 mate.

La combinación precedente es un poco larga y tiene muchas variantes, razón por la cual el principiante difícilmente será capaz de realizarla; pero, basado en el conocimiento del tipo de combinación de que se trata, puede construir, en circunstancias similares, un brillante ataque, que seguramente se la pasaría por alto en caso contrario. Obsérvese que todas las combinaciones que hemos visto hasta el presente, tienen como base fundamental, la exacta coordinación de las piezas, cuya acción ha sido dirigida sobre el punto débil.

8. Mates fulminantes

Esta serie de mates suceden en muy pocas jugadas y son fruto de grandes errores del rival, no cabe perseguir estos mates en los inicios de la partida, son hijos de graves errores del bando contrario; aunque no está de más conocerlos.

Mate del pastor

Cuenta la historia que en uno de los viajes del rey de Francia, jugó una partida de ajedrez con humilde pastor. El pastor dejando de contar ovejas le propinó un fulminante jaque mate al poderoso rey, de ahí el nombre que recibe ésta fulminante combinación: mate del pastor.

La dama blanca con disimulo apunta a la casilla f7. El bando negro ajeno al peligro desarrollan su caballo a la casilla d6, descuidando la penetración de la dama blanca hasta la casilla f7 apoyada por su alfil c4. Esta combinación es fácilmente evitable, si el bando negro jugase ♘f6, o moviendo la dama negra a la casilla e7 para defender la casilla f7.

1.e4 e5 2.♗c4 d6 3.♕f3 ♘c6 4.♕xf7++.

Mate del pastor, con la variante ♕h5

En este caso la dama blanca desde la casilla h5 ataca al peón negro e5, disimulando su auténtica intención de arribar a la casilla f7 apoyado por su alfil blanco c4.

1.e4 e5 2.♕h5 ♘c6 3.♗c4 ♘f6 4.♕xf7mate

Este mate es fácilmente evitable si las negras juegan en su segundo turno ♘f6 atacando a la dama blanca, haciéndola abandonar la casilla h5. (2.♕h5, ♘f6)

Mate del loco

En el mate del loco es de crucial importancia la colaboración ingenua del bando rival, para realizar este jaque mate en dos jugadas. Disparatada apertura del bando blanco que asesina a su propio rey en dos movimientos, es el jaque mate más rápido que se puede efectuar en una partida de ajedrez. Su nombre le viene de los absurdos movimientos que ejecutan el bando blanco, dignos del juego de un loco. Este jaque no ocurre casi nunca en partidas, al menos que el bando rival participe en esta sucesión de movimientos absurdos.

1.f3 e5 2.g4 ♕h4++.

Mate del tonto

Este jaque mate es aún más absurdo que el jaque del loco, es prácticamente imposible que suceda en una partida, difícilmente un jugador por muy novato que sea, en su segundo movimiento exponga a su rey de una manera tan penosa y tonta como sucede en este caso.

Mate del pasillo

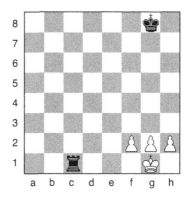

1.e4　e5　2.♕h5　♚e7
3.♕xe5++.

El mate del pasillo sucede cuando la dama o la torre atacan al rey rival en la octava fila, y el rey no tiene posible escapatoria al estar bloqueadas sus salidas por peones u otras piezas. Para evitar este jaque conviene dejar una escapatoria al rey moviendo un peón antes que la dama o la torre penetren en la octava fila, o la primera fila para el bando rival.

Dos ejemplos de mate en f7

Según K. Richtert

El punto más débil en el tablero de ajedrez es f7 para las negras y f2 para las blancas; esto debe saberlo cualquier aficionado. Del prosaico ataque de mate contra f7 con dama y alfil, que sólo cuaja cuando hay una gran falta de atención, no se hablará aquí, sino de bonitas y sorprendentes combinaciones de mate.

1.e4 e5
2.♘f3 ♘c6
3.♗b5 a6
4.♗a4 b5
5.♗b3 ♗b7

El prematuro a6 y b5 seguido de ♗b7 de las negras no es recomendable en la apertura española, aunque no representa un error directo. Pero la casilla f7 queda en seguida en el dominio del alfil blanco.

6.c3 d6

7.d4 ♘ge7? (Ya deja sin custodia a la casilla f7, lo indicado era ♗f7.)
8.♘g5! d5
9.♕f3! f5 (Plausible, pero proporciona a las blancas la oportunidad de acabar la partida con un brillante rasgo de ingenio.)

10.exd5! e4 ("Así ya está superado lo peor", piensan las negras.)
11.dxc6!! (Al principio las negras se quedan sin habla. Pero luego: "¡Ah!, ¿quiere usted sacrificar la dama? ¡Por mí, que no quede! Ob-

tendrá sólo dos piezas y ya podré resistir el ataque.")

11... exf3
12.♗f7#

Dejamos al lector que se sitúe en el estado de ánimo de las negras.
Así como aquí fue el alfil el que asestó el golpe mortal, en la breve partida que va a continuación fue el caballo.

1.d4 d5
2.c4 ♘f6
3.cxd5 ♘xd5
4.e4 ♘f6
5.♘c3 ♘c6? (¡Estructura desafinada!)
6.♘f3 ♗g4
7.d5 ♘e5?
8.♘xe5! ♗xd1
9.♗b5+ ... (Sorprendentemente la tormenta estalla ahora primero en el flanco de la dama. Esta combinación, con variaciones, no tiene nada de rara.)

9.... c6
10.dxc6 ♕c7 (Contra el jaque a la descubierta no hay ninguna defensa, ya que también comer en c6 es insuficiente.)
11.cxb7+ ♔d8
12.♘xf7#

Naturalmente también habría bastado con bxa8=♕+, pero habría sido imperdonable proceder tan materialistamente cuando hay un mate en un movimiento.

Despeje de la columna de rey

Según K. Richtert

A la ruptura en la columna alfil sigue ahora una irrupción en la columna de rey.

1.e4 e5
2.♘f3 ♘c6
3.c3 ♘f6
4.d4 d5
5.♗b5 ♘xe4
6.♘xe5 ♗d7
7.♕b3 ♕e7
8.♕xd5 ... (Una réplica peligrosa amenaza al rey blanco. Por eso lo indicado era el enroque.)
8.... ♘xe5
9.♕xb7? ... (Esta serenidad es castigada drásticamente.)
9. ... ♘f3+
10.♔f1 ... (gxf3, ♘d3+)
10. ... ♘g3+!

¡Una curiosa posición de caballo! Con ella se ha conseguido el despeje de la columna de rey.

11.hxg3 ♕e1#

Ataque de los cuatro peones

Según A. Suetin

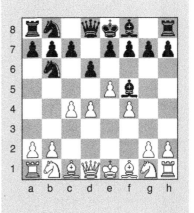

La ventaja espacial no se debe considerar aislada de la posición en el tablero. La evaluación de su importancia depende de la disposición de las fuerzas. Por ello, todo intento de ganar prematura y precipitadamente espacio lleva con frecuencia a resultados poco satisfactorios. Esto puede verse en muchas variantes de aperturas, como la defensa Alekhine, la de Gruenfeld y la India de rey, donde las blancas ganan prematuramente espacio. En este sentido es característica la siguiente variante de la defensa de Alekhine ataque de los cuatros peones:

1.e4 ♘f6
2.e5 ♘d5
3.c4 ♘b6
4.d4 d6
5.f4 … (Posición llamada variante de los cuatro peones)
5. … ♗f5

Este movimiento entraña una pequeña celada: si las blancas juegan ahora, al objeto de cambiar este activo alfil de casillas blancas del contrario,

6.♗d3? y no 6.♗e3! sigue:
6. … ♗xd3
7.♕xd3 dxe5
8.fxe5 c5
9.d5 e6!
10.♘c3 ♕h4+
11.g3 ♕xg3+

El espacio adquiere importancia ya en los primeros movimientos y está estrechamente ligado con toda situación en el centro del tablero, cuyo dominio implica la lucha por la conquista de espacio y es efectiva si está asegurada por la acción conjunta de piezas y peones.

Y las negras eliminan el centro de peones blanco.

El mate del rey abandonado
Según K. Richtert

A veces el rey enemigo es atraído al exterior y, lejos de los suyos, se convierte en fácil botín para el adversario. Las configuraciones de mate son aquí menos complicadas, porque cuanto más se aleja el rey de su casilla residencial, más pequeña se hace su fuerza defensiva y más fácilmente se cierra la red del mate.

Una partida jugada por Zukertort muestra en forma simple una cacería con éxito del rey como consecuencia del prematuro juego con la dama por parte del adversario.

1.e4 e5
2.♘f3 ♛f6
3.♗c4 ♛g6
4.O-O ♛xe4

Quien con la poderosísima dama al empezar no sabe hacer otra cosa que comer a un mísero peón, se tiene merecido el mayor de los castigos.

5.♗xf7+, (Comienza la ca-
cería. Tras ♔xf7 vendría naturalmente 6.♘g5+.)
5.... ♔e7
6.♖e1 ♕f4
7.♖xe5+, (Persecución del
enemigo sin pensar en los
sacrificios.)
7.... ♔xf7
8.d4 ♕f6
9.♘g5+ ♔g6

¡Un cuadro grotesco! De las
fuerzas combatientes negras
sólo la pareja de soberanos
interviene en la batalla.

10.♕d3+ ♔h5
11.g4+ ... (Empujando dentro de la red de mate.)
11... ♔xg4
12.♕h3#

Por haber salido la dama en
busca de botín ocurrió lo
peor.

Línea demarcadora

Según A. Suetin

Se llama línea demarcadora la que divide por las horizontales cuarta y quinta el tablero en dos partes iguales. El jugador que posea mayor espacio tiene más posibilidades de maniobrar con sus piezas; se considera un logro importante si éstas y sus respectivos peones cruzan dicha línea y consolidan sus posiciones tras ella. En cambio, ceder espacio trae a menudo consecuencias desagradables.

He aquí una muestra de ello en la defensa india de rey de una partida entre A. Suetin y Anischenko.

1.d4 ♘f6
2.c4 c5
3.d5 d6
4.♘c3 g6
5.e4 ♗g7
6.♗e2 ...

En vez de preparar la contraofensiva en el centro y flanco de dama, con 6. ..., 0-0 y los siguientes movimientos e6, a6, y b5, las negras continuaron así:

6. ..., ♘a6?
Esto permitió a las blancas alcanzar una sensible superioridad en el espacio.

7.♗g5! ♛a5
8.♛d2 ♘c7
9.f4! ♘d7
Amenazaba 10.e5!
10.♘f3 f6
11.♗h4 0-0
12.0-0 ♘e8

En esta posición, las piezas negras carecen de movilidad y se estorban unas a otras. Las blancas aprovechan su ventaja espacial para abrir el juego.

13.♖ae1 a6
14.♗g3 ♕c7
15.♗d3 b5
16.b3 bxc4
17.bxc4 ♗h6
18.♕c2 ♗g7
19.♖e2 ♖b8
20.♖fe1! ♖b6
21.h4! ♖f7
22.h5! ♘f8
23.e5! dxe5
24.fxe5 fxe5
25.♗xe5 ♗xe5
26.♘xe5 ♖ff6
27.hxg6 hxg6
28.d6! ♕xd6
29.♘d5, ...

Tras haber abierto con éxito el juego, las blancas obtienen una ventaja material decisiva.

29. ..., ♘g7
30.♘xf6+ ♕xf6
31.♖f2 ♗f5
32.♘xg6

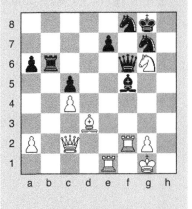

Y las negras abandonaron.

¡No vagabundees con el rey!

Según K. Richtert

En el ejemplo siguiente es el rey en persona el que es atraído por el deseo de botín; está claro que una cosa así no puede acabar bien.

1.e4 e5
2.♗c4 ♗c5
3.b4 ♗b6
4.♘c3 ♘f6
5.♘f3 ♘xe4
6.♗xf7+ (Era más simple jugar 6.♘xe4, d5; 7.♗xd5, ♛xd5; 8.♘c3.)
6... ♚xf7
7.♘xe5 ♚e6 (Creen poder comer el caballo sin ser castigados. Pero lo correcto era ♚g8.)

8.♘xe4 ♚xe5 (A la jugada de espera ♗d4 contestan las blancas con 9.♛g4+, ♚xe5, 10.c3 ♗b6, 11.d4+, etc.)
9.♗b2+ ♚xe4 (Tampoco ♗d4, 10.c3, ayuda a la larga.)
10.♛f3#

¡Quien busca el peligro lo encuentra! Y la moraleja de la historia: ¡no vagabundees con el rey!

Mate al rey inmovilizado

Según K. Richtert

Con material reducido, el borde y las esquinas del tablero desempeñan un papel importante, pero a causa de esos obstáculos naturales el atacante economiza valiosas fuerzas combatientes. En este aspecto es digno de admiración el siguiente final de juego del ex-campeón del mundo Botvinnik.

Dr. Tartakower-Botvinnik

En este final de juego las negras, teniendo el mismo material, han llevado a sabiendas la posición de mate del rey blanco oprimido a la esquina. Como los peones libres blancos están tan retrasados, las negras tienen una jugada de ventaja.

1.♘c4+ (Había la amenaza h4, g3, g2 mate.)
1... ♔d5
2.♘e3+ ♔e4
3.a4 ♔d3 (De nuevo con una poderosa amenaza: ♔e2, y ♔xf2, seguido de g3, g2 mate.)
4.♘d5 (Con 4.a5 ♔e2 5.a6 ♔xf2 6.a7 g3 7.♘d1+ ♔e2 8.♘c3+ ♔d3 9.a8=♕ g2 mate, las blancas llegan con un movimiento de retraso.)

4... ♔e2
5.♘f4+ ♔xf2
6.♘xh3+ ♔f1! (Muy finamente jugado. Las negras renuncian al caballo y prefieren el mate en g2.)

7.♘f4 g3
8.♘g2 (Con 8.a5 h4, 9.a6

h3 se hace efectivo el mate en g2.)

8... ♔f2

9.a5 h4

10.♘f4 ♔f1

11.♘g2 h3

12.♘e3+ ♔f2

13.♘g4+ ♔e2

Las blancas abandonaron; las negras han alcanzado su objetivo, el mate en g2. Un final de juego muy hermoso.

9. Finales, mates al rey solitario

Según J. R. Capablanca y V. Panov

Llegada la partida a sus últimos lances, cuando ya no quedan piezas del bando rival, solo su rey contra nuestro rey y alguna pieza que otra más, hemos arribado a la etapa conocida como final. Es importante para el principiante conocer algunas posiciones de victoria. Combinaciones a seguir para acorralar al rey rival en su prisión, donde le podamos acestar el definitivo y ansiado jaque mate final.

Oposición

Este movimiento es de suma importancia en los finales para acorralar al rey rival, con la ayuda de nuestro rey. Nuestro monarca ha de procurar mantener al rey rival a salto de caballo y en oposición alternativamente, luego entrará en juego nuestra otra pieza asestando el definitivo jaque mate. En oposición los dos reyes se encuentran enfrentados, separados por una casilla. Esta posición es de suma importancia en los finales, porque el rey de un bando bloquea el avance del otro rey.

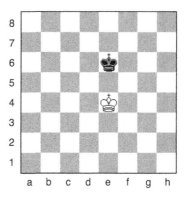

En el diagrama muestra a los reyes en situación de "oposición".
Estos movimientos aseguran la "oposición" de ambos reyes: 1.♔d4 ♚d6 2. ♔c4 ♚c6 3.♔b4 ♚b6 4.♔a4 ♚a6 5. ♔b3 ♚b5.

Final de torre y rey contra rey solitario
Según J. R. Capablanca

La regla consiste en llevar al rey adversario hasta el borde, en cualquier lado del tablero. Analicemos las siguientes composiciones de Capablanca.

Juegan las blancas.
En esta posición el poder de la torre queda demostrado con la primera jugada, 1.♖a7, que de inmediato recluye al monarca adversario a la última fila, y entonces el mate se obtiene con toda rapidez, por medio de: 1.♖a7 ♚g8 2.♔g2. La acción combinada del rey y la torre es necesaria para obtener una posición en la cual pueda forzarse el mate. La regla general que debe observarse es la siguiente: Conservar el rey todo lo posible, en la misma fila o, como sucede en el ejemplo que estamos examinando, en la misma columna que el monarca adversario. Como en nuestro caso el rey conseguirá llegar a la sexta fila, lo mejor es colocarlo en la columna más cercana y hacia el centro. 2...♚f8; 3.♔f3, ♚e8; 4.♔e4, ♚d8; 5.♔d5, ♚c8; 6.♔d6.

Y no 6.♔c6, en razón de que en tal caso el rey negro volvería a d8 y se dilataría la obtención del mate. Si ahora el rey se mueve a d8, ♖a8 da mate en seguida.

6...,♚b8; 7.♖c7, ♚a8; 8.♔c6, ♚b8; 9.♔b6, ♚a8; 10.♖c8 mate.

Fueron necesarias exactamente diez movidas para

conseguir dar mate a partir de la posición del ejemplo. En su quinta movida, las negras pudieron haber jugado ♚e8 y, en consonancia con la regla, entonces las blancas debían haber continuado con 6.♔d6, ♚f8 (el rey negro será, por último, forzado a colocarse frente al rey blanco y el mate se conseguirá por medio de ♖a8) 7.♔e6, ♚g8; 8.♔f6, ♚h8; 9.♔g6, ♚g8; 10.♖a8 mate.

Juegan las blancas.
Como en este ejemplo el rey negro se halla situado en el centro del tablero, el mejor procedimiento consiste en avanzar con el nuestro en la siguiente forma:
1.♔e2, ♚d5; 2.♔e3. No

habiendo la torre aún entrado el juego, lo mejor es avanzar con el rey hacia el centro del tablero, y no frente al adversario, sino a un costado del mismo, de modo que si ahora el rey negro juega a e5, la torre lo hará retroceder mediante ♖h5+. Por otra parte si 2...♚c4, también 3.♖h5. Si ahora 3...♚b4. seguiría 4.♔d3; pero, si en lugar de esto se jugara 3...♚c3 entonces 4.♖h4, recluyendo al monarca adversario a la menor cantidad de escaques que pueda tener a su disposición. Ahora el final puede continuarse con 4....,♚c2; 5.♖c4+, ♚b3; 6.♔d3, ♚b2; 7.♖b4+, ♚a3; 8.♔c3, ♚a2; aquí deberíamos observar que a menudo el rey blanco se ha movido al lado de la torre, con el propósito no sólo de apoyarla, sino también de reducir la movilidad del rey oponente. En esta posición las blancas obtienen el mate en tres jugadas: 9.♖a4+, ♚b1; 10. Torre, juega a cualquier casilla en la columna "a", forzando al rey negro a colocarse en ♚c1, es decir frente al rey blanco, y, entonces, 11.♖a1 mate. Han sido necesarias once movidas para la obtención del mate, y se podría conseguirse este resultado, cualquiera que fuera la posición que se presente, en menos de veinte. Aunque resulte una tarea monótona, es muy conveniente para el iniciado practicar muchas veces estas posiciones, hasta conseguir dominarlas sin esfuerzo.

Final de torre y rey contra rey solitario
Según V. Panov

Otro ejemplo donde la acción conjunta del rey y la torre confinan al rey solitario en una esquina del tablero; analicemos la siguiente composición de V. Panov.

1.♚b2 ♚d4 2.♚b3 ♚d3 3.♖d1+ ♚e2 4.♖d4 ♚e3 5.♚c3 ♚e2; 6.♖e4+ ♚f3; (si 6..., ♚d1?, entonces 7.♖e3!, y el rey solitario se ve forzado a ponerse delante de su adversario, lo que se llama "oposición" en la jerga ajedrecista, y consiguientemente se halla en estado de mate, esto es, se produce 7. ..., ♚c1; 8.♖e1#); 7.♚d3 ♚f2 8.♖f4+ ♚g3 9.♚e3 ♚g2 10.♖g4+ ♚h3 11.♚f3 ♚h2 12.♚f2 ♚h3 13.♖f4! (esto fuerza a efectuar el movimiento de oposición), ♚h2; 14. ♖h4 mate.

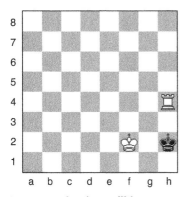

Posición final 14. ♖h4 mate.

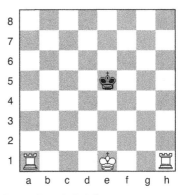

Posición inicial.

Final de dos torres y rey contra rey solitario, mate de la escalera.

En este final, como en el caso anterior, cortaremos con una torre el paso al rey negro, colocando la torre blanca una fila menos que el rey negro (♖a4). El rey negro moverá ♚f5 intentando alargar su agonía, en el caso de que el rey negro efectuase ♚f4, avanzaríamos la torre ♖f5, obligando al rey negro a confinarse en su cárcel.

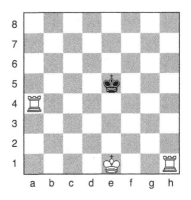

En el diagrama, el movimiento de la torre (♖a4), reduce a la mitad del tablero las posibilidades de movimiento del rey negro. Este movimiento es vital en los finales, la torre ha de cortar el paso al rey negro situándose una fila menos que el rey rival.

1. ♖a4 ♚f5
2. ♖h5+ ♚g6

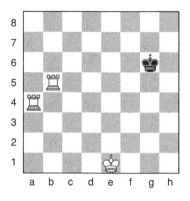

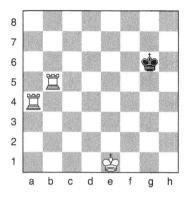

Para evitar ser capturada por el rey negro (2... ♔g6), la torre blanca efectúa (3. ♖b5) sin obstruir el camino de la otra torre. Este mate también es conocido como mate de la escalera. Obsérvese como las torres en los siguientes movimientos mantienen una posición escalonada.

3. ♖b5 ♚f6
4. ♖a6+ ♚e7
5. ♖b7+ ♚d8
6. ♖a8 mate

Posición final en la que se produce el jaque mate tras el movimiento de la torre (6. ♖a8 mate).

En los finales de torre hay que recordar, las siguientes normas generales:

1) El bando materialmente superior debe apoyar el avance del peón con la torre y por la retaguardia de él; no por la vanguardia.
2) Si el peón esta apoyado por su propio rey, es necesario mantener la torre adversaria alejada de él una o dos verticales.
3) El bando más fuerte debe procurar que su torre esté a retaguardia del peón adversario y atacar al rey. Por el

contrario, el rey del bando más débil tiene que hacer lo posible para situarse delante del peón adversario y, si es posible, mantenerse cerca de él y limitar la maniobra del otro rey.

4) En los finales de torre con mayor número de peones, lo más importante es activar la acción de la torre, ocupar con ella una vertical abierta y penetrar en el campo del contendiente en cuanto haya oportunidad de hacerlo.

Final de dos alfiles y rey contra rey solitario
Según J. R. Capablanca

La siguiente composición de Capablanca ejemplifica este final entre dos alfiles y rey contra rey solitario.

Juegan las blancas.
Ya que el rey negro se halla ubicado en uno de los ángu-

los del tablero, las blancas pueden jugar 1.♗d3, ♚g7; 2.♗g5, ♚f7; 3.♗f5 y tenemos que al adversario le restan pocas casillas a su disposición. Si el monarca negro, en la posición original, se hallara situado en el centro del tablero, o en alguna casilla que no fuera angular, las blancas deben avanzar su rey y luego, con ayuda de los alfiles, limitar sus movimientos al menor número de escaques posible. Ahora podemos continuar en la siguiente forma: 3..., ♚g7; 4.♚f2. En este final el rey negro no sólo debe ser llevado hasta el borde del tablero, sino, además, reducido a una casilla angular y, antes que pueda darse mate, debe colocarse el rey blanco en la sexta fila, y al propio tiempo, en una de las dos columnas finales del tablero. De manera que el monarca blanco debe avanzar hasta colocarse en las casillas h6, a6, g6, b6, f7, c7, f8 o c8, puesto que tal colocación es la más próxima, siguiendo lo establecido en la regla enunciada.

4..., ♚f7; 5.♔g3, ♚g7; 6.♔h4, ♚f7; 7.♔h5, ♚g7; 8.♗g6, ♚g8; 9.♔h6, ♚f8. Las blancas deben ahora ganar tiempo moviendo uno de sus alfiles, de tal modo que obliguen al rey negro a retroceder; 10.♗h5, ♚g8; 11.♗e7, ♚h8.

En este momento el alfil que corre por casillas blancas tiene que ser colocado en una posición que lo habilite a dar jaque en el golpe siguiente, a lo largo de la diagonal de su color, al mover el oponente a g8. Por ejemplo: 12.♗g4, ♚g8; 13.♗e6+, ♚h8; 14.♗f6 mate.

Han sido precisos catorce movimientos para poder obtener una posición de mate, y estimo que, en cualquier posición que pudiera presentarse, este resultado debe ser alcanzado en un número menor de treinta. En todos los finales de este tipo debe tenerse sumo cuidado en no llegar a una posición de "ahogado", que haría tablas el cotejo y, por consiguiente, esfumaría la obtención de la victoria. En este caso particular hay que recordar que el rey adversario, no sólo tiene que ser recluído al borde del tablero, sino que, al propio tiempo, a uno de los ángulos del campo de lucha. No obstante, en todos estos finales no tiene mayor importancia que el rey negro sea forzado a retirarse a la última fila o a la última columna del tablero. Por ejemplo, tanto valdría obligarlo a colocarse en las casillas h5, a4, e1 o d8.

Final de dos alfiles y rey contra rey solitario
Según V. Panov

En la siguiente composición de V. Panov, con su acción conjunta, el rey y la pareja de alfiles acorralan al rey adversario en uno de los ángulos del tablero. Las dos piezas menores se sitúan juntas con el fin de que dominen el mayor número de escaques y vayan limitando la movilidad del rey contrario.

Aquí se gana de la siguiente manera:
1.♔b2 ♚d4 2.♗f3 ♚d3
3.♗f4 ♚d4 4.♔c2 ♚c4
5.♗e3 ♚b5 6.♔b3 ♚a6
7.♔c4! (el movimiento 7.

♔b4?? es un error grave, pues con él queda el rey negro ahogado), 7...♚a5; 8.♗b7, ♚a4; 9.♗b6!, ♚a3; 10.♔c3!, ♚a4; 11.♗c6+ ♚a3 12.♗c5+ ♚a2 13.♗e4 ♚a1 14.♔c2 ♚a2 15.♗d5+ ♚a1 16.♗d4 mate.

Mate con dama y rey contra rey solitario

En esta posición, se da mate de varías maneras: 1. ♔b2 (obsérvese que el rey del bando más fuerte se dirige hacia su adversario para apoyar la acción de la dama), ♚d4; 2.

♛e1! (con este movimiento, las blancas privan al rey solitario de medio tablero), ♔d5; 3. ♔c3, ♔c5; 4. ♛e6!, ♔b5; 5.♛d6!, ♔a5, 6. ♔c4, ♔a4; 7. ♛a6 mate ó ♛b4 mate.

Posición final 7. ♛a6 mate.
1. ♔b2, ♔4d; 2 ♛e1, ♔d3; 3. ♛e5!, ♔d2; 4.♛g3!, ♔e2; 5. ♔c2, ♔f1; (Esto es una celada, pues se da mate ahogado si se juega 6.♔d2??, error que el principiante suele cometer en el fragor del ataque); 6.♛h2, ♔e1; 7. ♔d3! (queda, ahogado y será tablas si se juega 7. ♛g2??), ♔f1; 8. ♔e3, ♔e1; 9. ♛e2 mate, ó 9.♛h1 mate ó ♛g1 mate.

Inténtese dar mate de otras maneras; haciendo diversos movimientos con el rey y la dama, se verá que con una docena de ellos se puede acorralar al rey solitario en un ángulo del tablero. Pero ha de procurarse no dar jaques inútilmente y hacer movimientos que limiten la movilidad del rey, evitando que se produzca la situación de mate ahogado, resultando tablas la partida.

Referencias bibliográficas

Teoría de finales de torres, Löwenfish y Smyslow

Teoría de aperturas, V. Panov

Aperturas abiertas, L. Pachman

Aperturas semiabiertas, L. Pachman

Teoría de los finales de la partida, Y. Averbach

Ajedrez elemental, V. Panov

Jaque mate, Kurt Richter

Begin Chess, D. B. Pritchard

Learn Chess Quick, Brian Byfield and Alan Orpin

Initiation aux échecs, Michel Noir

Fundamentos del ajedrez, José Raúl Capablanca

ABC de las aperturas, V. Panov

La estructura de peones centrales, B. Persits

Cómo debe jugarse la apertura, A. Suetin

En la misma colección:

APRENDO A JUGAR AL AJEDREZ
Diego del Rey Santos y Martín Marino Veras Sanz

Los autores de este libro muestran los primeros movimientos del ajedrez de manera muy didáctica y amena a través de pasatiempos y lecciones elementales. Al iniciar a los más pequeños en este juego no sólo se fomenta su creatividad sino que también se les enseña a ejercitar la mente y a trasladar el razonamiento del campo de juego del ajedrez a la vida real.

Serie de libros creados por el Gran maestro Viktor Moskalenko:

1- REVOLUCIONA TU AJEDREZ I. FINALES
2- REVOLUCIONA TU AJEDREZ II. EL MEDIO JUEGO
3- REVOLUCIONA TU AJEDREZ III. APERTURAS
4- LA TÁCTICA EN EL AJEDREZ
5- LA ESTRATEGIA EN EL AJEDREZ

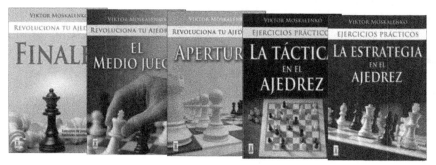

La mayoría de los jugadores de ajedrez dejan de hacer progresos una vez han alcanzado cierto nivel. Se centran en el estudio de las aperturas, medio juego clásico, tácticas, y unas cuantas reglas esenciales para los finales de partida.

Pero cuando se sientan ante el tablero y se enfrentan a una partida real o están en pleno campeonato, a menudo son inoperantes. ¿Por qué sucede esto?

Viktor Moskalenko sostiene que esto es porque todavía no han descubierto las verdaderas reglas del juego, de ahí que en el libro este Gran maestro internacional presente un sistema totalmente nuevo para jugar al ajedrez es una serie de libros creados por él para ser mejor jugador.